Fischer TaschenBibliothek

Kontaktadresse nach EU-Produktsicherheitsverordnung:
produktsicherheit@fischerverlage.de

Marjory Linardy ist in Indonesien geboren und aufgewachsen. Sie ist Journalistin und lebt seit vielen Jahren in Deutschland.

Marjory Linardy

Das kuriose Indonesien-Buch

Was Reiseführer verschweigen

FISCHER Tasche Bibliothek

2. Auflage

Umschlaggestaltung: Geviert – Büro
für Kommunikationsdesign, München
Umschlagabbildung: Shutterstock
Druck und Bindung: BoD – Books on Demand GmbH,
Norderstedt, Germany
ISBN 978-3-596-52079-4

Für meine Eltern und meinen Bruder

Inhalt

Einleitung

Woran denken Sie als erstes, wenn Sie Indonesien hören? Vielleicht an Indien oder Polynesien? Oder vielleicht auch an Bali? So richtig falsch ist das alles nicht. Alle diese Orte haben etwas mit Indonesien zu tun – einige mehr, andere weniger.

Die indische Kultur hat sehr starken Einfluss auf das Leben in Indonesien. Die Beziehung zwischen Indien und der Region, die jetzt Indonesien heißt, begann schon in der Zeit vor Christus. Daher finden sich viele Aspekte aus der indischen Kultur in der indonesischen, vor allem aus dem Sanskrit. Beispielsweise in Personennamen, Saraswati etwa ist eine Hindu-Göttin, oder im Motto des Staates Indonesien *Bhinneka Tunggal Ika*, was »Einheit in Vielfalt« (wörtlich: »viel, aber eins«) bedeutet.

Der Name *Indonesia* setzt sich aus dem lateinischen Wort *Indus* (»Indien«) und dem griechischen Begriff für »Insel«, *nesos*, zusammen. Vermutlich wurde die Region ursprünglich wegen der vielen Ähnlichkeiten so genannt. Den Namen Indonesia kennt man schon im 18. Jahrhundert, lange vor der Unabhängigkeitserklärung des Inselstaates Indonesien im Jahr 1945.

Polynesien ist nicht weit von Indonesien entfernt.

Genauer gesagt liegen die Polynesischen Inseln im Pazifischen Ozean, östlich von Indonesien. Bali ist ein beliebter Urlaubsort und damit wohl die bekannteste Insel Indonesiens – auch, wenn viele gar nicht wissen, zu welchem Land die Insel gehört …

Wo liegt Indonesien?

Indonesien ist der größte Inselstaat der Welt. Wenn man fragt, wie viele Inseln zu Indonesien gehören, findet man unterschiedliche Antworten – ganz einfach deshalb, weil zum einen die Region, in der sich Indonesien befindet, sehr groß ist, und Inseln – außer den größeren – sich neu bilden oder auch wieder verschwinden können. Je nachdem also, wann man zählt, kommt man auf unterschiedliche Ergebnisse; der Einfachheit halber kann man sagen, Indonesien besteht aus circa 17 000 Inseln.

Ist Indonesien ein asiatisches Land? Die Antwort ist: Ja. Mit Abstand die meisten Inseln befinden sich im Bereich des asiatischen Kontinents; nur der östlichste Teil Indonesiens, der auf der Insel Neuguinea liegt, gehört zum australischen Kontinent. Im Norden grenzt Indonesien an Malaysia, Singapur und die Philippinen. Westlich von Indonesien liegt der Indische Ozean, der sich bis zur Region südlich von Indonesien erstreckt. Südöstlich befinden sich Australien und Osttimor. Im Osten grenzt Indonesien an Papua-Neuguinea. Indonesien teilt sich die Insel Borneo mit Malaysia und Brunei Darussalam, und die Insel Neuguinea mit dem Nachbarland Papua-Neuguinea.

Die folgende Karte zeigt die Lage Indonesiens zwischen dem asiatischen und australischen Kontinent. Von Deutschland aus betrachtet, liegt Indonesien auf der anderen Seite der Erde.

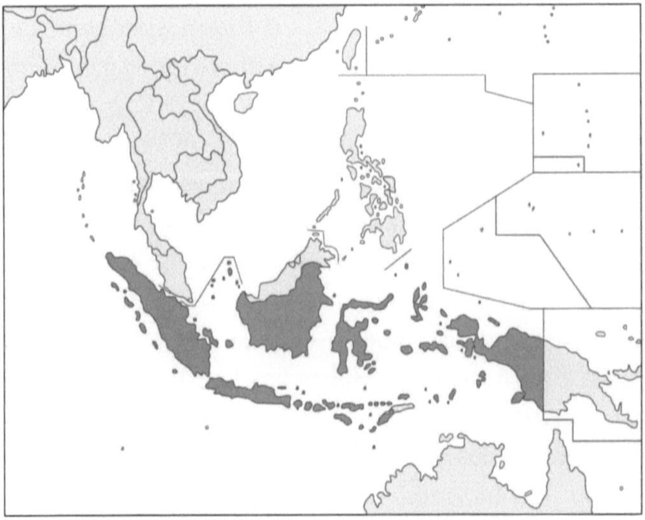

Da Indonesien an der Grenze zwischen Asien und Australien liegt, ähneln Indonesier, die aus dem westlichen Teil des Landes kommen, den Menschen aus anderen asiatischen Ländern. Je weiter man nach Osten kommt, umso dunkler wird die Hautfarbe und lockiger sind die Haare, wie die der Aborigines, der Ureinwohner Australiens. Durch den langen Kontakt mit Menschen aus anderen Gegenden der Welt sind natürlich auch andere Einflüsse erkennbar.

Man kann also sagen, dass in Indonesien Menschen mit unterschiedlichsten Hautfarben und physischen Merkmalen zu finden sind – die wohl einzige Ausnahme sind blonde Haare und blaue Augen. Betrachtet man die vielfältigen kulturellen Einflüsse auf Indonesien über die Jahrhunderte, erklärt sich die Verbindung von Einheimischem und Fremdem, das Zusammenleben unterschiedlicher und vielfältiger Volksgruppen. Trotz mancher Unterschiede sehen sich alle Bewohner als Indonesier. Auch hier zeigt sich das Motto des Staates: Einheit in Vielfalt.

Was hat Indonesien mit den Deutschen zu tun?

Wie weit ist Indonesien – kulturell oder historisch – von Deutschland entfernt? Welche Art von Beziehung gibt es zwischen dem Inselstaat und Deutschland – abgesehen von Medien und Globalisierung in der modernen Zeit? Die Antwort: Es gab Deutsche, die Spuren in Indonesien hinterließen, und zwar schon seit dem 16. Jahrhundert.

Der deutsche Generalgouverneur

Die »Niederländische Ostindien-Kompanie« (*Vereenigde Oostindische Compagnie* – VOC) war ein Zusammenschluss niederländischer Händler, deren Zweck es war, die gegenseitige Konkurrenz kleinzuhalten; dadurch war sie im 17. und 18. Jahrhundert weltweit eine der stärksten Handelsunternehmungen. Sitz der Gesellschaft war in Amsterdam und Middelburg, das Hauptquartier der Handelsschifffahrt war in Batavia, heute Jakarta, Indonesiens Hauptstadt.

Von Anfang an ließen sich auch viele deutschstämmige Männer von der VOC anwerben. Gustav Wilhelm Freiherr von Imhoff (1705–1750) ging 1725 im

Auftrag der VOC nach Batavia. 1740, nach nur 15 Jahren, wurde er Generalgouverneur von Batavia. 1747 erweiterte von Imhoff das Einflussgebiet der Kompanie um weite Teile. Im darauffolgenden Jahr wurde er General der Infanterie, und 1749 erweiterte er nochmals das Territorium der Kompanie. Allerdings hatte von Imhoff unter dem Klima und daraus folgenden tropischen Krankheiten zu leiden. Er setzte sich für eine Erneuerung der VOC ein, verstarb aber am 1. November 1750. Bestattet ist er in der Alten Holländischen Kirche in Batavia. An deren Stelle steht heute ein Museum, in dem die Grabplatte zu sehen ist.

»Der Humboldt von Java«

Ein deutscher Naturforscher und Arzt arbeitete im 19. Jahrhundert in Indonesien: Franz Wilhelm Junghuhn (1809–1864), der bereits zu Lebzeiten als der »Humboldt von Java« in ehrenvoller Anerkennung seiner Arbeit bezeichnet wurde. Am 13. Oktober 1835 betrat Junghuhn den Landungsplatz in Batavia in einer Zeit des Umbruchs: Die Niederländische Ostindien-Kompanie war seit 1799 aufgelöst, und der niederländische Staat übernahm als ihr Rechtsnachfolger die Konkursverwaltung sowie die Administration der niederländisch-ostindischen Besitzungen. Damit vollzog sich der Wechsel von einer privatwirtschaftlichen Intervention in Indonesien zu einer staatlichen Kolonie.

Im Jahr 1825 löste Prinz Diponegoro aus Yogyakarta einen Volksaufstand gegen die holländische Kolonialherrschaft aus, die das Herrschaftssystem stärker als andere lokale Revolten zuvor erschütterte. Der Krieg war ein großes Thema in Batavia, als Junghuhn ankam.

Es herrschte Mangel an Fachkräften im Kolonial- und Militärdienst. Gerade Deutsche mit speziellen Kenntnissen sind willkommen, etwa Wissenschaftler, Vermessungsingenieure und Ärzte. Die Arbeit im Lazarett gefiel Junghuhn nicht, er war eher vom Forscherdrang besessen. Als erster Wissenschaftler durchwanderte er die Insel Java und erforschte ihre Natur, und er fertigte die erste topographische Karte Javas an. Generationen von Wissenschaftlern, Kolonialbeamten und Wirtschaftsinvestoren profitierten von den Ergebnissen der Junghuhn'schen Forschung. Allerdings war er nicht so bekannt wie seine Zeitgenossen Alexander von Humboldt oder Charles Darwin.

Der deutsche Apostel der Batak

Ein evangelischer Missionar aus Deutschland wanderte ebenfalls im 19. Jahrhundert nach Indonesien aus. Ludwig Ingwer Nommensen (1834–1918) erreichte am 14. Mai 1862 die Nordwestküste Sumatras. Nach einigen Wochen Aufenthalt in Padang reiste er nach Sibolga weiter, ins Land der Batak. Diese Volksgruppe wird alles andere als freundlich beschrieben: Es gab schon früher Versuche, die Batak zu christianisieren: 1834 zogen zwei Amerikaner in Richtung Tobasee in Nordsumatra; gleich nach ihrer Ankunft wurden sie umgebracht. In den Publikationen der Missionsgesellschaften wurde darauf hingewiesen, dass die Batak gegen Freunde gütig seien, aber gegen Feinde blutdurstig und grausam.

All das hielt Nommensen nicht von seinen Plänen ab. Er stieß auf Ablehnung und Unverständnis der Einheimischen: Sie verstanden nicht, warum sie sich auf die Botschaft des »weißen Mannes« einlassen sollten. So hatte er in den ersten Jahren auch keinen Erfolg; erst später fand Nommensen in einem der regionalen Fürsten, in Raja Pontas Lumbantobing, einen Fürsprecher seiner Missionsarbeit. Danach festigte sich seine Stellung, und die ersten Batak ließen sich taufen.

Von Anfang an verband Nommensen die Mission mit dem Bildungs- und Gesundheitswesen und arbeitete dabei auch mit anderen Missionaren zusammen. Mit den Einheimischen baute er nicht nur Kirchen und Missionsstationen, sondern auch Schulen und Krankenstationen. Und auch Frauen wurden sehr früh in die Arbeit einbezogen und zu Krankenschwestern oder Gemeindehelferinnen ausgebildet. Für seinen Einsatz in Indonesien beförderte die holländische Königin Nommensen 1911 zum »Offizier des Ordens von Oranje-Nassau«.

Am 23. Mai 1918 starb Nommensen in Sigumpar am Südufer des Tobasees. Sein Nachfolger und Biograph, Johannes Warneck, hält über Nommensens Lebenswerk fest: Bei Nommensens Tod zählte die Batak-Mission etwa 180 000 Getaufte, in 510 Schulen wurden 32 700 Schülerinnen und Schüler unterrichtet. Wenn man heutzutage das Land der Batak bereist, sieht man überall Kirchen und christliche Symbole. Nommensen wird »Apostel der Batak« genannt und in der Gegend weiterhin hochverehrt. Für die Batak ist Nommensen kein Deutscher, sondern ein Batak.

Ein Schriftsteller in »Gefangenschaft im Paradies«

Deutsche Künstler besuchten das *Insulinde*, wie Indonesien im 19. Jahrhundert genannt wurde, auch schon sehr früh. Der Dichter und Maler Max Dauthendey (1867–1918) landete 1914, und der Musiker und Maler Walter Spies (1895–1942) im Jahr 1923 auf Java.

Max Dauthendey wuchs in Würzburg auf, fand

aber die bürgerliche Welt seiner Heimatstadt zu eng – und lief immer wieder davon. Schon als Jugendlicher wünschte er sich ein Buch über Java zu Weihnachten. Bis er Java tatsächlich erreichte, war er bereits 47 Jahre alt, und hatte als Schriftsteller und Dichter einige Bücher in Deutschland veröffentlicht. Seine zweite Weltreise, die ihn auch nach Indonesien brachte, war zugleich seine letzte Reise, von der er nicht mehr nach Europa zurückkam.

1914 begann der Erste Weltkrieg. Die Niederlande als Gegner des Deutschen Reiches internierten alle deutschen Staatsangehörigen auf ihrem Gebiet, auch in der Kolonie Niederländisch-Indien. Während der ersten Jahre seiner Gefangenschaft konnte Dauthendey das Leben in dem exotischen Land und die Leute auf Java kennen- und genießenlernen. Die fremde und interessante Umgebung lieferte ihm Inspiration für seine Werke; seine Erlebnisse schrieb er in seinem Tagebuch nieder. Teile davon wurden posthum veröffentlicht. Umgeben von freundlichen Menschen fühlte er sich geborgen und nennt Java ein Paradies. Er wusste, nicht zurück nach Deutschland gehen zu können, war aber dankbar, an einem paradiesischen Ort wie Java und nicht an einem weniger schönen Platz die Zeit bis zum Kriegsende verbringen zu können.

Als Europäer gehörte er während der vier Jahre der Verbannung zur privilegierten Oberschicht der Kolonialgesellschaft. Ein gesellschaftlicher Höhepunkt war beispielsweise die Einladung zur prachtvollen Hochzeit des Sultans von Solo, in Zentraljava. Das Fest brachte sowohl javanische als auch koloniale Prominenz zusammen. Dauthendey hält die exotische Welt nicht nur in Worten, sondern auch in Aquarellen fest.

Trotz aller Privilegien war er ein Gefangener in der exotisch-fremden Welt. Er hatte Heimweh und Sehnsucht nach seiner Familie, besonders nach seiner Frau. Der erzwungene Aufenthalt war zu lang und wurde ihm zur Qual. Er beklagte, dass Tag und Nacht in dem tropischen Land immer gleich seien: Die Sonne gehe täglich zur gleichen Zeit auf und unter. Außerdem vermisste er den Wechsel der Jahreszeiten und die Veränderungen in der Natur, wie er sie aus Europa kannte. Alles, was er am Anfang interessant und aufregend fand, wurde zur immer größeren psychischen Belastung.

Am 29. August 1918 starb Dauthendey in Malang, Ostjava, an Malaria und psychischer Erschöpfung. Nachdem er in Malang beigesetzt worden war, sorgte seine Frau Annie 1930 für die Überführung seiner sterblichen Überreste in die Heimat.

So wie Dauthendey genoss der Maler und Musiker Walter Spies das Leben in *Insulinde.* Und auch sein Leben nahm ein tragisches Ende. Man kann sagen, Spies erreichte den Höhepunkt seines Schaffens auf der Insel Bali, die in Indonesien oft als *Pulau Dewata* genannt wird. *Pulau* ist das indonesische Wort für »Insel«, und *Dewata* bedeutet »Götter«.

Walter Spies kam aus einer wohlhabenden deutschen Kaufmannsfamilie, die in Russland lebte. Am 15. September 1895 in Moskau geboren, nahm die schöne Kindheit mit dem Beginn der Russischen Revolution und dem Ausbruch des Ersten Weltkrieges ein abruptes Ende. Als Deutsche wurden sein Vater und er in einem kleinen Ort im Ural festgesetzt. Dort lernte der vielbegabte Walter Spies die Landessprachen und begeisterte sich für die Musik der Region.

Nach der Flucht aus Russland reiste der junge Spies nach Berlin und Dresden und traf dort auf bekannte zeitgenössische Künstler. Erstmals konnte er in Dresden seine Bilder öffentlich präsentieren, und 1923 konnte er in Amsterdam ausstellen. Im Europa der 1920er Jahren fand er jedoch weder Orientierung noch Identität. So heuerte er 1923 als Matrose in Hamburg an und reiste nach Java.

Am 1. September 1923 landete Spies in Batavia – und konnte dort wieder als Künstler tätig werden. In

Bandung, circa 180 Kilometer südöstlich von Jakarta, verdingte er sich als Klavierspieler im Stummfilm-Kino. Die folgenden zwei Jahre lebte er in Kraton im Palast des Sultans und leitete dort das Orchester für europäische Musik. Von seinen Erlebnissen berichtete er seiner Mutter in Briefen, etwa wie begeistert er von seinem Orchester war. Es gab dreißig oder vierzig Musiker in seinem Orchester, alle Javaner, die Streich- und Blasinstrumente spielten. Vor allem war er von deren Musikalität begeistert, ungefähr die Hälfte der Musiker hatte ein absolutes Gehör. Er studierte mit dem Orchester die europäische Klassik, noch wichtiger waren ihm allerdings das Zuhören und das Lernen: So übertrug er etwa das Gamelan, ein traditionelles javanisches Musikinstrument, in die europäische Notenschrift und lernte selbst es zu spielen.

1925 besuchte Walter Spies zum ersten Mal die Insel Bali. Und 1927 übersiedelte er ganz nach Ubud in Zentralbali und konnte von da an seine schöpferische Begabung im großen Stil ausleben – etwa als Fotograf, Sprachtalent, Naturliebhaber und Mitautor mehrerer Bücher über Bali. Bald war er selbst über die Insel hinaus sehr bekannt und vermittelte seine Leidenschaft für Bali auch anderen Prominenten. Sein berühmtester Gast war Charlie Chaplin. So notierte Spies im Mai 1939, dass Chaplin ganz inoffiziell nach Bali kam, um auszuruhen.

Wenn man heutzutage als Tourist nach Bali reist, bekommt man den *Kecak* zu sehen, einen traditionellen balinesischen Tanz aus der Zeit, bevor der Hinduismus nach *Insulinde* kam. Ursprünglich beschworen damit balinesische Männer in nächtlichen Ritualen die Kräfte des Jenseits: Die Ahnen wurden in den gemeinsamen Anrufungen um Beistand gebeten, die Nachfahren sprachen sich im Diesseits gegenseitig Mut für das Bestehen des Alltags zu.

Heute ist auf Bali der Hinduismus die vorherrschende Religion. Der Tanz gehört zum »Vermarktungskonzept« von Bali, an dem Walter Spies wesentlichen Anteil trägt: Victor Baron von Plessen inszenierte 1931 den Film *Die Insel der Dämonen*. Spies war landeskundlicher und künstlerischer Berater bei den Dreharbeiten. Dabei wurde der *Kecak* »umgestaltet«, um ihm einen dramaturgischen Effekt zu geben.

Die schöne Zeit auf Bali war mit Beginn des Zweiten Weltkrieges 1940 zu Ende. Walter Spies und andere Deutsche, die in der niederländischen Kolonie lebten, wurden interniert; insgesamt 2436 Deutsche wurden auf Schiffen von Sibolga, Nordsumatra, nach Ceylon, jetzt Sri Lanka, deportiert. Am 19. Januar 1942 sank das Schiff »van Imhoff« auf der Fahrt nach Ceylon nach einem Angriff japanischer Jagdflieger. 473 Deutsche, unter ihnen Walter Spies, starben im Indischen Ozean.

Diese fünf Männer sind nur einige Beispiele dafür, wie vielfältig Deutsche in den vergangenen Jahrhunderten ihre Spuren in Indonesien hinterließen. Heute gibt es weiteren Austausch und vielfältige Zusammenarbeit in unterschiedlichen Bereichen zwischen Indonesien und Deutschland. Diese Kooperationen und Beziehungen, die die zwei Länder enger verbinden, beruhen oftmals auf der Arbeit der Vorfahren, die schon begann, längst bevor Indonesien in der jetzigen Staatsform gegründet wurde.

Wie sehen die Inseln aus?

Aus den Lebensgeschichten der Deutschen, die einen Teil ihres Lebens in Indonesien verbrachten, kann man Einblicke in den Alltag des Inselstaates bekommen. So wissen wir beispielsweise schon, dass es viele Inseln gibt und unterschiedliche Kulturen, man lebt anders als in Deutschland am »anderen Ende der Welt«, es ist immer warm und so weiter. Schauen wir uns einzelne geographische Merkmale einmal genauer an:

Mit circa 17 000 Inseln ist Indonesien der größte Inselstaat der Welt. Die fünf größten Inseln sind: Borneo oder Kalimantan, Sumatera, Sulawesi oder Celebes, Java und Papua. Jede Insel hat ihre eigenen Besonderheiten, sowohl kulturell als auch historisch.

Borneo oder Kalimantan

Die Größte ist die Insel (indonesisch *Pulau*) Borneo, die man in Indonesien *Kalimantan* nennt. Kalimantan ist mit 743 330 Quadratkilometern die drittgrößte Insel der Welt – nach Grönland und Neuguinea. Zum Vergleich: Die Grundfläche Deutschlands beträgt 357 340 Quadratkilometer.

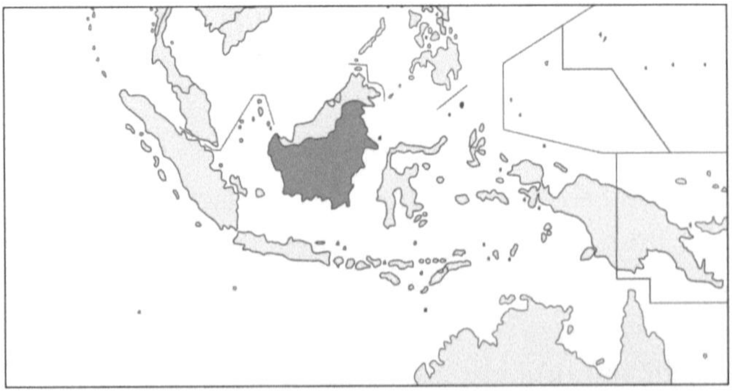

Kalimantan liegt nördlich von Java und westlich von Sulawesi. Circa zwei Drittel der Insel gehören zu Indonesien, während der nördliche Teil zwischen Malaysia und Brunei Darussalam geteilt ist. Ursprünglich gab es auf Kalimantan drei große Königreiche; zwei davon liegen auf indonesischem Gebiet. In der Vergangenheit war die Beziehung zwischen Indonesien und Malaysia nicht immer freundschaftlich. Noch in den 1960er Jahren gab es Auseinandersetzungen zwischen den beiden Ländern. Damals wollte Malaysia sein Gebiet mit dem von Brunei Darussalam vereinen. Indonesiens erster Präsident Sukarno protestierte gegen diese Maßnahme, weil sie dem Manila-Abkommen von 1963 widersprach und letztendlich von Indonesien als Bedrohung aufgefasst wurde. Soekarno sah Malaysia als »Marionette« Englands. Durch einen internen Konflikt in Indonesien im Jahr 1965 lockerten sich die Auseinandersetzungen mit Malaysia, und ein Jahr später erklärten beide Parteien den Konflikt auf einer Konferenz in Bangkok für beendet.

Einige Experten leiten den Namen *Kalimantan* vom Sanskrit her: *Kalamanthan*, die »Insel mit dem heißen Klima«. Andere Forscher meinen, der Name sei den Stammesnamen der Ureinwohner entlehnt. Es sind noch weitere Namen für die Insel im Laufe der Geschichte überliefert. Im Javanischen bedeutet *Kalimantan* »Diamantenfluss«.

Die älteste Aufzeichnung über die Insel stammt aus dem Jahr 400 – allerdings finden kulturelle und gesellschaftliche Entwicklungen aufgrund der geographischen Lage langsamer als auf den anderen Inseln statt. Zudem ist Kalimantan dünn besiedelt. Im 14. Jahrhundert besuchte Odorico da Pordenone, ein katholischer Priester, die Insel auf seiner Missionsreise in Asien. Leider ist kein ausführlicher Bericht über sein Unterfangen auf Kalimantan überliefert.

Die kulturellen Traditionen auf Kalimantan entstammen den fünf großen ethnischen Gruppen auf der Insel: Melayu, Dayak, Banjar, Kutai und Paser; Kultur und Brauchtum der Dayak werden wir später noch betrachten.

Der längste Fluss Indonesiens ist der 1143 Kilometer lange *Kapuas* in Westkalimantan. Auf der Insel gibt es (noch) viele tropische Wälder, die durch Abholzung und Einrichtung von Palmöl-Plantagen immer weniger werden. Die Wälder Kalimantans sind die natürlichen Lebensräume der Orang Utans, Borneo Elefanten, Nashörner, Tapire und anderer bedrohter Tierarten.

Sumatera

Mit 423 065 Quadratkilometern ist Sumatera die zweitgrößte Insel Indonesiens und die sechstgrößte Insel der Welt. Um Sumatera herum gibt es viele kleinere Inseln – weitere circa 50 000 Quadratkilometer Land.

Die Insel wurde früher *Pulau Percha* oder *Andalas* und auf Sanskrit *Suwarnadwipa*, »Goldinsel« genannt. Die Bezeichnung *Chin-Chou*, »Goldland«, nutzte schon Yì Jìng (634–713), ein buddhistischer Mönch zur Zeit der Tang-Dynastie. Er verbrachte ei-

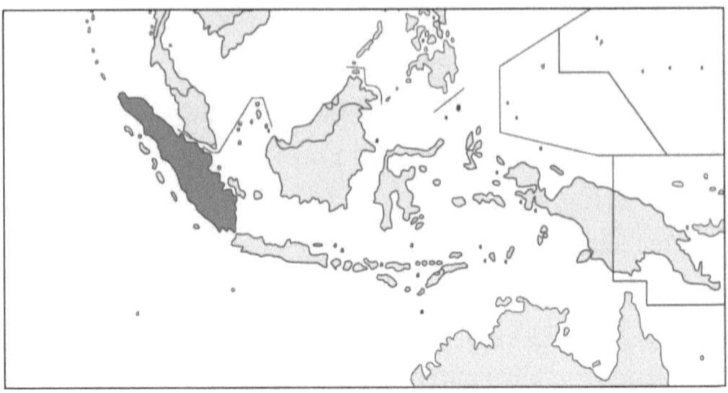

nige Zeit im Königreich Sriwijaya (heute Palembang in Südsumatera) zum Studium. Auf einer Inschrift aus dem Jahr 1286 wurde die Insel als *Swarnnabhūmi* (»Golderde«) und *Bhūmi Mālayu* (»Melayu-Land«) betitelt.

Eigene Namen der Insel sowohl auf Chinesisch als auch auf Sanskrit belegen die engen Beziehungen zwischen der Insel und anderen Gegenden in Asien. Die Bezeichnungen finden sich bereits in indischen Manuskripten aus der Zeit vor Christus, nämlich in den »Jataka-Erzählungen«; es handelt sich dabei um mit die ältesten schriftlichen Überlieferungen des Buddhismus. Ursprünglich war ein *Jataka* eine moralisch lehrreiche Geschichte im Sinne eines Märchens aus dem Leben des historischen Buddha, Siddhartha Gautama; später wurden jedoch mehr und mehr moralische Lehrgeschichten eingefügt. Eine dieser Geschichten erzählt von indischen Seeleuten, die den Golf von Bengalen nach Suwarnabhumi überquerten. Im »Ramayana«, einem der indischen Nationalepen, wird die Suche nach Shinta, der von Rahwana entführten Frau von Rama, bis Suwarnadwipa erzählt.

Woher stammt nun der Name *Sumatera*? Er kam wohl ursprünglich aus dem Königreich Samudera, das im heutigen Ostaceh lag. 1345 besuchte Ibnu Batutah, ein muslimischer Forschungsreisender des 14. Jahrhunderts, die Insel. Er sprach den Namen *Sa-*

mudera aber *Samatrah* aus, und die weitere sprachliche Entwicklung machte daraus *Sumatera*. Dieser Name verbreitete sich, wurde von den Portugiesen im 16. Jahrhundert in ihre Landkarten übernommen und gilt bis heute.

Claudius Ptolemäus (ca. 100–160) war ein griechischer Mathematiker, Geograph, Astronom, Astrologe, Musiktheoretiker und Philosoph. In einigen Schriften benutzte er den Namen *Taprobana Insula*, um eine Insel östlich von Indien zu benennen. Einige Wissenschaftler meinen, dass Ptolemäus damit Sri Lanka bezeichnet. Andere vermuten, es handele sich dabei um Sumatera, weil Ptolemäus in seinem Atlas »Geographike Hyphegesis« aus dem Jahr 150 erklärte, dass es auf *Taprobana Insula* eine Gegend gebe, die *Barousai* heiße. Vermutlich war damit die Stadt *Barus* gemeint, die an der Westküste Sumateras liegt, und seit langem für ihren Kampfer bekannt ist. Auf Indonesisch heißt Kampfer *Kapur Barus*, also »Kalk« oder »Kreide aus Barus«.

Gaius Plinius Secundus (23/24 nach Christus bis 25. August 79) erwähnte in seinem Werk *Naturalis Historia* (um 77 nach Christus), dass Kaufleute aus den Mittelmeergegenden nach Sumatera gingen, um Gold, Weihrauch *(Styrax Sumatrana)* und Kampfer *(Dryobalanops aromatica)* zu kaufen. Auf der anderen Seite boten Kaufleute aus Sumatera ihre Produkte auch bis Westasien und Ostafrika an.

Die Bevölkerung ist mehrheitlich malaiischen Ursprungs. Die Minangkabau, die Lampung und die Batak sind die Ethnien, die auf Sumatra stark vertreten sind. In den Städten leben auch Indonesier mit chinesischem, arabischem und indischem Ursprung.

Etwa 80 % der Bevölkerung bekennt sich zum Islam sowie 18 % zum Christentum. Der Rest verteilt sich mit 0,7 % auf buddhistische, 0,2 % auf hinduistische sowie animistische Gemeinden. Im nördlichen Teil der Insel, im Land der Batak, war der deutsche Missionar Ludwig Ingwer Nommensen tätig. Heute sind circa 85 % der Batak Christen; die meisten gehören der evangelischen Kirche an. 2007 wurde in Aceh, Nordsumatera das islamische Rechtssystem *Scharia* eingeführt.

Sulawesi

Die Insel wurde früher Celebes genannt, und die Bezeichnung wird international teilweise auch heute noch verwendet. Mit 174 600 Quadratkilometern ist Sulawesi die viertgrößte Insel Indonesiens und die elftgrößte weltweit.

Sulawesi setzt sich aus vier Inselteilen zusammen, die durch drei Golfe getrennt sind: der Golf von Tomini zwischen der nördlichen Minahasa- und der Osthalbinsel, der Golf von Tolo zwischen den Land-

zungen im Osten und Südosten sowie der Golf von Bone zwischen der Süd- und Südosthalbinsel.

Die Form, die einer Orchidee oder einer Spinne ähnelt, ist nicht das einzig Interessante an der Insel. Sulawesi ist auf jeden Fall der richtige Ort für kulturinteressierte Touristen und Sportbegeisterte, vor allem Taucher und Schnorchler.

Besonders bekannt für ihren Wassertourismus sind die Gegenden nordöstlich von Sulawesi, unter anderem der Unterwassernationalpark um die Insel Bunaken – circa drei Kilometer von Sulawesi und von der Stadt Manado entfernt gelegen. Das Gewässer von Bunaken ist eines der schönsten indonesischen Tauchgebiete. Außerdem bieten die Wakatobi- und die Tongian-Inseln wunderbare Alternativen. Wakatobi ist eine kleine Inselgruppe südöstlich von Sulawesi. Der Name Wakatobi ist ein Akronym von vier Inselnamen: Wangiwangi, Kaledupa, Tomea und Binongko. Flora, Fauna und Tierwelt – besonders die bedrohten Tierarten – der Inseln lassen sich hervorragend in den Nationalparks erleben.

Die Bevölkerung Sulawesis besteht aus vielen Ethnien: 67 Sprachen sind vertreten; teilweise waren die Volksgruppen durch das hohe Gebirge völlig in ihren jeweiligen Gegenden isoliert. Die größere und bekanntere Gruppe sind die *Minahasa* in Nordsulawesi, die *Toraja* im zentralen Hochland und die *Makassar* und *Bugis* in Südwestsulawesi.

Die Makassar und Bugis sind als kompetente Seeleute bekannt: Einige Quellen sprechen auch von gefürchteten Piraten, andere wiederum weisen darauf hin, dass der Piraterie-Vorwurf seitens der niederländischen Kolonialmacht aufgebracht wurde, um Widerstände in den Gegenden zu brechen.

In Südsulawesi existierte im 16. und 17. Jahrhundert das Königreich Gowa oder Goa, das erbitterten Widerstand unter Sultan Hassanudin gegen die Vereinigte Ostindische Kompanie (VOC) leistete. Der VOC war das Königreich ein Dorn im Auge, lag es am Weg der Handelsroute zwischen Batavia und den Molukken, die als »Gewürzinseln« bekannt sind. Einige Quellen belegen, dass Gowa im *Perang Makassar* (Makassar Krieg 1666–1669) vom Königreich Bone, dem Herrschaftsgebiet der Bugis, unter Arung Palakka unterstützt worden sei. Andere Quellen besagen, Bone kooperierte mit der VOC, und die Makassar seien am Ende genötigt gewesen, das *Bongaya*-Abkommen zu unterschreiben. Für viele gilt dieser Kontrakt als Gowas Kapitulation.

Ganz von dieser Geschichte abgesehen, sind die Makassar und Bugis als versierte Seefahrer, Händler und Abenteurer geachtet. Vielleicht kann man sagen, das bekannteste kulturelle Erbe der Bugis ist das *Pinisi*, ein Schiffstyp mit zwei Masten zwischen 20 bis 35 Meter Länge und einer Traglast bis zu 350 Tonnen. Pinisi verwendete man als Frachtschiff, Fischereiboot oder auch Kriegsschiff. Eine Quelle besagt, das erste Pinisi sei nach dem »Pinas« gebaut worden, ein im 16. Jahrhundert in Europa verbreiteter Schiffstyp. Angeblich wurde diese Schiffart den Bugis von der VOC bekannt gemacht. Andere Quellen wiederum belegen die Nutzung von Pinisi bei den Bugis schon im 14. Jahrhundert.

Das *Lontar* oder »Palmblatt-Manuskript« mit dem Titel *Lontarak I Babad La Lagaligo* aus dem 14. Jahrhundert erzählt, das erste Pinisi sei von Sawerigading, dem Kronprinzen des ältesten Bugis-Königreiches Luwu, gebaut worden. Er habe das Schiff für die Fahrt nach China genutzt, um die Hand von Prinzessin We Cudai zu erbitten.

Nach dem Aufenthalt in China kam Prinz Sawerigading mit seiner Frau in einem Pinisi nach Luwu zurück. Allerdings wurde das Schiff kurz vor der Küste von Luwu von hohen Wellen erfasst, die das

Schiff in drei Teile zerbrachen. Die Schiffsteile wurden an die Küsten der Dörfer Ara, Tanah Lemo und Bira gespüllt. Die Dorfbewohner bauten das Schiff nach und nannten es Pinisi.

Heutzutage werden Pinisi für Luxusfahrten und Expeditionen genutzt. Die Küstenbevölkerung Sulawesis verwendet diesen Schifftyp allerdings auch für alltägliche Fahrten zwischen den kleineren Inseln.

Im Hochland von Südsulawesi leben die Toraja. Von circa 1,1 Millionen Toraja leben circa 450 000 in *Tana Toraja* (»Toraja Land«). 65 % der Toraja sind Protestanten, 17 % Katholiken, 6 % Muslime, der Rest sind Hindu oder haben einen animistischen Glauben.

In Toraja-Hochland findet man das vielfältige kulturelle Erbe dieses Volkes, allem voran die traditionellen Häuser, *Tongkonan*, die nicht nur Behausung für die Menschen, sondern auch ein Zeichen für ihre Spiritualität sind. Bis heute finden in den Häusern noch unterschiedliche traditionelle Rituale statt.

Papua

Mit 786 000 Quadratkilometern ist die Insel Papua die zweitgrößte Insel in der Welt (die größte ist Grönland mit 2 166 086 Quadratkilometern). Zu Indonesien gehört allerdings nur die Hälfte von Papua.

Neben dem Namen »Papua« hatte auch diese Insel schon einige anderen Namen. Der niederländische Kulturanthropologe Anton Ploeg ist der Meinung, der Name Papua stamme von dem malaiischen Wort, das »krause Haare« bedeutet. Andere Quellen berichten, der Name gehe auf den portugiesischen Seefahrer Jorge de Meneses zurück; er besuchte Neuguinea im Jahr 1526.

Im Vergleich mit den übrigen Indonesiern haben die Ureinwohner von Papua in der Tat ein anderes Erscheinungsbild: Sie ähneln eher den Aborigines. Allerdings haben die Ureinwohner der kleineren Insel um Papua herum, etwa die Molukken, auch – wenn nicht krauses – meist lockiges Haar.

Der Name *Irian* wurde in *Bahasa Indonesia* verwendet, um Insel und Provinz, die zu Indonesien gehört, zu benennen. Irian wurde 1945 von Marcus Kaisiepo, dem Bruder des ehemaligen Gouverneurs Frans

Kaisiepo, vorgeschlagen. Der Name kommt aus der *Biak*-Sprache, die in der Gegend weit verbreitet ist, und bedeutet »Mut (oder Kraft) aufzustehen«. Allerdings kommt das Wort *Irian* auch in anderen Sprachen Papuas vor, zum Beispiel in *Bahasa Serui, Bahasa Merauke* oder *Bahasa Waropen.*

Bis 2001 war Irian für den indonesischen Teil der Insel die offizielle Bezeichnung; mittlerweile heißt sie wieder Papua. Interessant ist, dass Irian früher der von den Einheimischen bevorzugte Name war; heute fassen sie diesen Namen als von der indonesischen Regierung aufgezwungene Bezeichnung auf.

International ist die Insel unter dem Namen *New Guinea* (oder Deutsch *Neuguinea*) bekannt. So wurde die Insel zum ersten Mal vom spanischen Forscher Íñigo Ortíz de Retes im Jahr 1545 benannt, weil ihn das Erscheinungsbild von Papuas Ureinwohnern an das der Urbevölkerung von Guinea in Afrika erinnerte.

Vor dem Zweiten Weltkrieg annektierte das Deutsche Reich den nördlichen Teil von Ostpapua, während der südliche Teil von England besetzt wurde. Ganz Westpapua war zu der Zeit ein Teil von Niederländisch-Indien. So war die Insel zwischen 1884 und 1919 in Niederländisch-Neuguinea, Kaiser-Wilhelms-Land und Britisch-Neuguinea geteilt. Seit den 1960er Jahren gehört der westliche Teil der Insel Papua zu Indonesien.

Hier finden sich auch die höchsten Berge Indonesiens: Der höchste Gipfel, indonesisch *Puncak*, ist der *Puncak Jaya* oder die »Carstensz-Pyramide« mit 4884 Metern, der ein Teil vom *Maoke*-Gebirge ist. Außerdem sind da noch der *Puncak Mandala* (circa 4760 Meter) und der *Puncak Trikora* (circa 4750 Meter); beide gehören zum *Jayawijaya*-Gebirge. Eigentlich ist Indonesien ein tropisches Land und damit definitiv zu warm für Schnee. Auf dem *Jayawijaya*-Gebirge gibt es allerdings Gletscher, aber nicht auf allen Teilen. Die letzte Observation hat ergeben, dass die gletscherbedeckte Fläche gegenüber den Vorjahren geringer geworden ist – vermutlich wegen des Klimawandels.

Auf der anderen Seite der Grenze, in Papua Neuguinea, ist der höchste Berg der *Mount Wilhelm* (4509 Meter), benannt nach dem Sohn des deutschen Reichskanzlers Otto von Bismarck.

Forschungsergebnisse belegen die Existenz von Menschen auf *Pulau Papua* seit 40 000 Jahren. In den höheren Lagen der Insel fand man auch etwa 10 000 Jahre alte Zeugnisse früherer Formen von Landwirtschaft und Bewässerung. Weil die Insel schon sehr lange bewohnt ist und durch die Berge, die die Landfläche teilen, gibt es auf Papua einige hundert Sprachen; eine Quelle geht sogar von circa 1000 Sprachen aus, obwohl auf Pulau Papua nur circa 11 Millionen Menschen leben. Zum Vergleich: Auf

Java leben 143 Millionen Menschen, nachgewiesene Sprachen: 12.

Für die Forschung von Ethnologen und Anthropologen wird Neuguinea noch lange Zeit Möglichkeiten bieten, allein im indonesischen Teil der Insel leben vermutlich knapp 50 Stämme, die von der Außenwelt mehr oder weniger abgeschlossen sind.

Jawa

Die Insel Jawa [ʒawa] oder Java ist 126 700 Quadratkilometer groß. Auf der Fläche, die ungefähr ein Drittel von Deutschland umfasst, leben allerdings circa 143 Millionen Menschen (zum Vergleich: in Deutschland leben circa 80 Millionen). Java ist tatsächlich die am dichtesten bevölkerte Insel der Erde. Sie ist das Zuhause von 57 % der Indonesier, während die anderen, teilweise viel größeren Inseln, relativ dünn besiedelt sind. Warum ist das so?

Jakarta, die Hauptstadt Indonesiens, liegt auf Java, in Westjava. Viele Ereignisse, die für das Land wichtig sind, passierten auf Java. In der Zeit vor der Gründung des Staates Indonesien war auf Java das Zentrum des Hindu-Buddhistischen Kaiserreichs. Außerdem waren hier auch wichtige islamische Königreiche, und schließlich auch das Zentrum von Niederländisch-Indien. Zuerst in den 1930er und

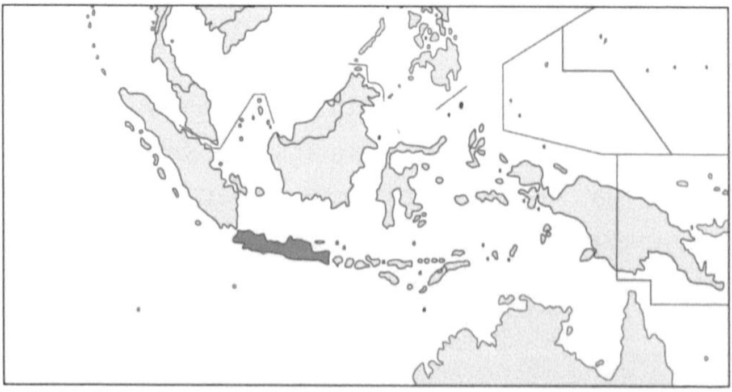

1940er Jahren, dann aber auch nach dem Zweiten Weltkrieg war Java der Mittelpunkt des Kampfes für die Unabhängigkeit Indonesiens. Java dominiert Indonesien politisch, wirtschaftlich und kulturell.

Pulau Jawa, Java Insel, ist Indonesiens fünftgrößte Insel und steht auf Platz 13 in der Liste der größten Inseln der Welt. Von West- bis Ostjava zieht sich eine Reihe von Vulkanen wie ein Rückgrat über die Insel. Das sind jedoch nur einige Vulkane Indonesiens, die insgesamt auch ein Teil des *Pazifischen Feuerrings* ist – dem Vulkangürtel, der den Pazifischen Ozean von drei Seiten umgibt. Er ist also kein geschlossener Ring. Auch als *Zirkumpazifischer Feuergürtel* bezeichnet, hat der Ring die Länge von etwa 40 000 Kilometern. Er streckt sich von der Südspitze Südamerikas über die Westküste Nordamerikas bis Alaska, weiter über Kamtschatka nach Japan in den Süden zu den Philippinen, nach Indonesien bis hin zur Nordinsel

Neuseelands. Wegen dieser geographischen Begebenheiten wird Indonesien – und besonders Java – nicht selten von Naturkatastrophen wie Vulkaneruptionen und Erdbeben heimgesucht.

Als stärkste Kulturgruppe auf Java haben die Javaner auch ein Buch, in dem der Entstehungsmythos der Insel erzählt wird. Das Buch, der *Tantu Pagelaran*, ist in der *Bahasa Kawi* (*Kawi*-Sprache) des 15. Jahrhunderts, der Zeit des Königreiches Majapahit, verfasst. Sehr deutlich wird hier, wie auch in anderen Erzählungen, der Einfluss von Hinduismus, Buddhismus und Indien, etwa durch das Sanskrit.

Gott Shiva beauftragte die zwei anderen Götter der *Trimurti* (der hinduistischen Trinität) – also Brahma und Vishnu –, *Pulau Jawa* mit Menschen zu bevölkern. Zu der Zeit schwebte Java noch ohne festen Halt auf dem Ozean, und der Boden der Insel erschütterte immer sehr heftig. Die Götter beschlossen also, Java an einem bestimmten Ort festzunageln. Dies machten sie, indem sie den Berg *Mahameru* in Indien nach Java versetzen. (Der Mahameru ist ein heiliger Berg im Hinduismus und Buddhismus. Dem Glauben nach hat er fünf Spitzen und gilt als das Zentrum des physischen, metaphysischen und spirituellen Universums.)

Speziell für diese Aktion verwandelte sich Vishnu in eine Riesenschildkröte, um den Berg auf seinem Rücken zu tragen, Brahma nahm die Gestalt eines

Riesendrachens ein. Drachen sehen in Indonesien – und anderen Ländern Asiens – ein bisschen anders aus als in Deutschland: Sie sind eher lang und schlank wie Schlangen. Dieses Aussehen ermöglichte Brahma, sich um Berg und Schildkröte zu wickeln, damit der Berg beim Transport nach Java, also Richtung Südosten, nicht herunterfällt.

Die beiden Götter legten den Berg auf den westlichen Teil von Java. Aber weil der Berg sehr schwer war, hob sich der östliche Teil der Insel. Deshalb änderten sie den Plan und schleppten den Berg nach Osten. Während des Transports lösten sich einige Krümel vom Berg, die die Bergkette entlang der Insel von Westen nach Osten bildeten. Aber der Berg auf der östlichen Seite konnte die Insel trotzdem nicht wieder ganz begradigen.

Deshalb entschieden die Götter, einen Teil vom Berg abzuschneiden und ihn nordwestlich vom großen Berg zu platzieren. Den kleinen Berg kennt man jetzt als *Gunung Penanggungan* (*Gunung* – Berg, *Penanggungan* – ertragen). Der größere Teil des Berges liegt in Ostjava mit dem Namen *Gunung Semeru*. Nach javanischem Glauben wohnt dort seitdem Shiva.

Der Legende nach sah Shiva, als er zum ersten Mal auf Java ankam, sehr viele *Jawawut*-Pflanzen (»Kolbenhirse«), weshalb er die Insel *Jawa* nannte.

Der eigentliche Ursprung des Namens *Jawa* ist

nicht klar. Eine Möglichkeit ist, dass der Name vom Pflanzennamen *Jáwa-wut* (»Kolbenhirse«) abgeleitet ist, die früher angeblich auf der Insel sehr weit verbreitet war, nämlich in der Zeit, als durch Handel der indische Einfluss nach Java kam.

Eine andere Theorie zur Namensgebung sieht die Herkunft im Sanskrit: das Wort *yava* bedeutet »Gerste«, für die die Insel angeblich auch bekannt war. Von *Yawadvipa* ist in Indiens Nationalepos »Ramayana« die Rede: In der *Ramayana*-Geschichte muss Rama nach seiner Frau, Sita, suchen, die entführt wurde. Sugriva, der Kommandant von Ramas Armee, schickte seine Soldaten unter anderem nach *Yawadvipa* (*dvipa* – Insel) um Sita zu suchen. Außerdem wird Java auch im antiken tamilischen Text »Manimekalai« erwähnt.

Obwohl Java eine sehr große Population hat, ist die Bevölkerung im Vergleich zu den anderen Inseln recht homogen. Neben Javanern und Sundanesen gibt es noch die Maduresen von der *Madura*-Insel nordöstlich von Java. Die vierte Gruppe sind die *Betawi*. Sie sind die Nachfahren der Bewohner von Batavia aus dem 17. Jahrhundert. Betawi ist die Aussprache, die die Ureinwohner für den niederländischen Namen Batavia, den ehemaligen Namen von Jakarta, verwendeten.

Die Betawi sind kreolisch: Die meisten stammen ursprünglich aus anderen ethnischen Gruppen, die sich mit anderen mischten. Hier leben also auch Malaien, Sundanesen, Javaner, Balinesen, Minang, Bugis, Makassar und Leute von den Molukken. Sie mischten sich mit ausländischen ethnischen Gruppen wie Portugiesen, Niederländern, Arabern, Chinesen und Indern. Kultur und Sprache der Betawi sind anders als die der Sundanesen um sie herum.

Zwei traditionelle Sprachen spricht man auf Java: Javanisch und Sundanesisch, so wie die zwei großen ethnischen Gruppe auf Java: *Orang Jawa* (Javaner) und *Orang Sunda* (Sundanesen). Allerdings wachsen die meisten Menschen bilingual auf: *Bahasa Indonesia* (Indonesisch) als Nationalsprache spricht man überall, auch außerhalb von Java. Das heißt: Man spricht *Bahasa Indonesia* und Javanisch oder *Bahasa Indonesia* und Sundanesich und so weiter. Viele Kinder wachsen mit der traditionellen Sprache ihres Stammes oder ihres Ortes auf und lernen die offizielle Sprache dann erst in der Schule.

Sundanesisch spricht man hauptsächlich in Westjava, während Javanisch die Muttersprache von 60 Millionen Indonesiern ist, von denen die meisten auf Java leben. Obwohl der Großteil der Inselbevölkerung muslimisch ist, gibt es auch auf Java verschiedene religiöse Glaubensrichtungen. Außerdem leben da nicht nur die ethnischen Gruppen Jawa und Sunda, sondern auch viele andere.

Ursprünglich hing die Wirtschaft auf Java zu

100 % vom Reisanbau ab. Die uralten Königreiche wie Majapahit, Tarumanegara und Mataram lebten von Reis und Steuern – deshalb war *Pulau Jawa* auch damals schon bekannt für ihren Reis. Die reichen Ernten sowie der Reis-Export trugen enorm zum Bevölkerungswachstum bei. Handel mit anderen Ländern Asiens, wie Indien und China, blühten schon im vierten Jahrhundert; Funde von Töpferwaren aus dieser Zeit in China belegen dies. Majapahit beispielsweise war am Gewürzhandel mit den Molukken bis in die Zeit der VOC im 17. und 18. Jahrhundert mit ihrem zentralen Handelssitz in Batavia beteiligt. Auch in der anschließenden Kolonialzeit brachten die Niederländer andere Pflanzenarten wie Zuckerrohr, Kautschuk, Tee und Kaffee mit, die auf Java kultiviert werden sollten. Im 19. und 20. Jahrhundert wurde Kaffee aus Java so populär, dass heute der Name »Java« oft mit Kaffee gleichgesetzt wird.

Von der Kolonialzeit bis zur modernen indonesischen Republik ist *Pulau Jawa* die am besten entwickelte Insel Indonesiens.

Wie ist es in der Hauptstadt?

Jakarta ['ʒakarta] ist die Hauptstadt Indonesiens. Sie liegt im nordwestlichen Teil von Java, am Meer, in der Jakarta-Bucht. Mit 9761407 Einwohnern (Zählung 2012) ist Jakarta die meistbevölkerte Stadt Indonesiens und Südostasiens. Die Zahl betrifft nur die Stadt selbst; die Metropolregion *Jabodetabek* umfasst vier weitere Gegenden. Aus den Namen setzt sich die Abkürzung »Jabodetabek« zusammen: **Ja**karta, **Bo**gor, **De**pok, **Ta**ngerang und **Bek**asi.

Die Metropolregion Jakarta ist – nach Tokio-Yokohama – die zweitgrößte der Welt. Jakarta hatte schon unterschiedlichen Namen; sie wird auch *The Big Durian* genannt, nach *The Big Apple* für New York. Durian ist eine Fruchtsorte, die in Indonesien und Malaysia heimisch ist.

Jakarta und ihre fast zehn Millionen Einwohner nutzen täglich das Straßennetz, um Arbeit oder Schule zu erreichen. Es wundert nicht, dass die Straßen ständig »verstopft« sind – dazu kommen noch die Bewohner aus den benachbarten Regionen, die auch oft im City-Gebiet arbeiten. Die Lokalregierung des Ballungszentrums Jakarta hat im Bereich öffentliche Verkehrsmittel noch viel zu kämpfen und bekämpfen. Häufig gibt es nicht ausreichend Busse

	Jakarta	Berlin
1. Siedlung	4. Jahrhundert	Jahr 1237
Fläche	Stadt: 662 km^2 Metropolregion: 7315 km^2	892 km^2
Einwohner	Stadt: 9 761 407 (2012) Metropolregion: 29 959 545 (2014)	3 440 991 (2014)
Frauen	4 728 926 (Stadt, 2010)	1 784 227 (2012)
Männer	4 859 272 (Stadt, 2010)	1 717 645 (2012)
Religion	86 % Muslime 6,5 % Evangelisch 3,5 % Katholisch 4 % Hindu und Buddha	21,5 % Evangelisch 9,2 % Katholisch 7,2 % Muslime 0,3 % Juden 0,6 % Andere
Flughäfen	2	2 (in Betrieb)
Shoppingmalls	Groß: 62 insgesamt ca. 170	65
Universitäten	Staatlich: 2 Privat: 52	4
Flüsse	13 (bekanntester: Ciliwung)	11 (bekannteste: Spree)
Partnerstädte	14 (inkl. Berlin)	17 (inkl. Jakarta)
Kfz-Kennzeichen	B (von Batavia)	B

oder andere (kleinere) Transportmittel, so dass viele Pendler lieber ein Auto benutzen.

In den letzten zwei Jahren war die Entscheidung, ein eigenes Auto zu kaufen, noch leichter, weil zurzeit in Indonesien preisgünstige Autos produziert und verkauft werden. *Mobil Nasional Indonesia* (Kurzform: *Mobnas*) oder »Indonesisches nationales Auto« wird in Indonesien das »Low Cost Green Car« (LCGC) genannt, also die preisgünstigen »grünen« Autos mit folgenden Spezifikationen:

- Der Preis liegt bei circa 3000–8000 Euro.
- Ein Liter Benzin reicht für eine Fahrt von wenigstens 20 km.
- Wenigstens 60 % der Komponenten werden in Indonesien produziert.

Obwohl der Preis günstig ist, tragen diese Autos bekannte japanische Marken wie Toyota, Daihatsu, Suzuki oder Honda. Der niedrige Preis wird nicht nur durch die in Indonesien produzierten Teile ermöglicht, sondern auch durch die Entscheidung der Regierung, LCGC von der Luxussteuer zu befreien. Vorrangiges Ziel ist natürlich, den Verkauf anzukurbeln – und tatsächlich können sich viele Leute diese Autos leisten. Gemessen an der Exporthöhe in 84 Länder kann man sagen, dass das *Mobnas*-Programm erfolgreich ist.

Allerdings werden auch die Stimmen lauter, die kritisieren, dass LCGC die Anzahl der Autos auf den Straßen erhöht und damit noch mehr Staus, vor allem in Jakarta; verursacht, wo die Straßen zu bestimmten Uhrzeiten sowieso schon überfüllt sind. Die Regierung weiß um das Problem, betont aber die Bedeutsamkeit dieses Programms für Wirtschaft und Industrie sowie die Schaffung neuer Arbeitsplätze. Gegen die Staus müsse man andere Lösungen finden …

In letzter Zeit ist Fahrradfahren ein Trend geworden, den viele *Orang Jakarta* (Jakartaner) für sinnvoll halten. Über kurz oder lang wird das aber keine Alternative sein, weil es in Jakarta keine Fahrradwege gibt und es bei so vielen Autos auf den Straßen eher gefährlicher für die Radler ist.

Fahrradfahren bietet sich auch als Freizeitbeschäftigung an – besonders in den *Car Free*-Zeiten in Jakarta: Jeden Sonntagmorgen zwischen sechs und elf Uhr gilt auf einigen wichtigen großen Straßen mitten in Jakarta, die an einem Arbeitstag Autos und Stau fest im Griff haben, Fahrverbot für Autos, beispielsweise *Jalan Sudirman* (Sudirman Straße) und *Jalan Thamrin* (Thamrin Straße, an der die Deutsche Botschaft liegt). Diese Gelegenheit nutzen viele zum Radfahren, Joggen oder mit dem Hund spazierengehen. Vor allem die Einheimischen, vielleicht aber auch Touristen, genießen das nicht alltägliche *Out-*

door-Erlebnis auf den rund acht Kilometer langen vielspurigen Straßen zwischen Jakartas Wolkenkratzern. Nicht weit von *Jalan Sudirman* und *Thamrin* gibt es auch viele Wohn-Hochhäuser. Am Sonntagmorgen haben die Anwohner also Gelegenheit, »ihre« Straßen ganz anders zu erleben.

Ursprünglich wollte die Regierung mit diesem Schritt den Umweltbelastungen in der Stadt entgegenwirken. Aber auch auf einen bewussteren Umgang der Bevölkerung mit der Abhängigkeit vom Auto hinwirken. Auf Indonesisch benutzt man eine Bezeichnung, die den Tag besser beschreibt: *Hari Bebas Kendaraan Bermotor*, also »ein Tag, der von motorbetriebenen Vehikeln frei ist«. Die Regierung von Jakarta hat den *Car Free Day* im Mai 2002 eingeführt; mittlerweile beteiligen sich auch andere Städte.

Neben Autos, Motorrädern und Mopeds gibt es in Jakarta auch noch andere motorbetriebene Fahrzeuge, die an das romantische *Jakarta tempo doeloe* (»Jakarta in alten Zeiten«) erinnern: Obwohl von moderneren Fahrzeugen weitgehend verdrängt, findet man doch noch einige dieser Transportmittel in den Randgebieten Jakartas, aber auch in anderen Städten. Europäern, die asiatische Städte in Indien oder Thailand kennen, sind sie nicht ganz fremd; Indonesier nennen sie nur anders.

Bajaj [ba-ʒai] – Das *Bajaj* hat drei Räder: Eines vorn, zwei hinten. Das Steuer erinnert eher an einen

Motorradlenker als an ein Autolenkrad. Bajaj gibt es auch in anderen Städten Indonesiens; in Jakarta ist ihre Farbe jedoch Blau oder Orange. An der Tür eines Bajaj steht normalerweise, in welcher Stadt es fahren darf. Ein Bajaj kann zwei erwachsene Passagiere befördern, höchstens noch ein zusätzliches Kind; dabei sitzen alle hinter dem Fahrer. Der Zweitaktmotor eines Bajaj ist zwar sehr laut, aber die schlanke Form des Bajaj ermöglicht es, Staus in Jakarta weitgehend zu umfahren. Das sehr beliebte Vehikel stammt vom indischen Automobilunternehmen »Bajaj Auto« und ist in anderen Ländern als *Tuk Tuk* bekannt. In Indonesien läuft auch eine Fernsehserie mit dem Titel »Bajaj Bajuri«. Der Protagonist ist ein Bajaj-Fahrer namens Bajuri. Die Serie greift die Liebe der Gesellschaft für das ohnehin schon bekannte **[be-tʃak]** – Bajaj auf und verstärkt sie.

Becak – Ein *Becak*, könnte man sagen, ist ein modifiziertes Fahrrad. Es kann zwei Passagiere transportieren; auf Sumatra sitzt der Fahrer an der Seite, auf Java eher hinten. Es gibt Becak, die mit einem Motor ausgestattet sind, die meisten werden allerdings von einem Fahrradfahrer gelenkt – und getreten. 1966 gab es in Jakarta etwa 160 Becak; circa 15 % der arbeitenden Bevölkerung Jakartas waren als Becak-Fahrer tätig. 1971 war Becak-Fahren auf den Hauptstraßen verboten, und die Regierung versucht seitdem, ein Verbot des Becak durchzusetzen. Dadurch konnte lange nur die Anzahl der Gefährte reduziert werden. Ein weiterer Vorstoß 1990/1991 setzte das Verbot vollständig um; während der Wirtschaftskrise 1998 tauchte das Becak allerdings wieder im Straßenverkehr auf.

Die Zahl der Becak reduziert sich seit den 1980er Jahren, weil man es nun als »von Menschen betriebene Menschenausnutzung« betrachtete. Außerdem wird die Staubildung teilweise auch auf diese langsam fahrenden Verkehrsmittel zurückgeführt. Bis heute sind Becaks in den Außenbezirken Jakartas wie in anderen Städten zu finden.

***Helicak* [helit ʃak]** – Das *Helicak* wird von einem italienischen Lambretta-Motor angetrieben. Der Name Helicak ist eine Zusammensetzung von »Helikopter« und »Becak«. Es wurde ursprunglich eingeführt, um das Becak wegen seiner unmenschlichen Handhabung zu ersetzen. Ein Helicak sieht aus wie ein Becak, nur ist der vordere Teil als Motorraum geschlossen. In Jakarta konnte sich das Helicak nicht durchsetzen, weil die Regierung es nicht konsequent genug gefördert hat.

Bemo – Das Wort »Bemo« ist die Abkürzung von *Becak Motor*, also ein motorisiertes Becak. *Bemos* wurden vom japanischen Autounternehmen Daihatsu mit dem Namen »Daihatsu Midget« produziert. Das erste Bemo fuhr 1962 in Jakarta. Anfänglich wurde das Bemo eingeführt, um Becak und Helicak zu ersetzen, weil es einfach schneller ist und mehr Sitzplätze hat: hinten passen sechs Passagiere hinein und eine weitere Person vorne neben dem Fahrer. Wie ein Bajaj hat ein Bemo drei Räder. Bis in die 1980er Jahre war das Bemo das favorisierte Transportmittel in Jakarta; zwischenzeitlich durften sie nur auf bestimmten Routen fahren, und mittlerweile sind sie verboten, weil sie zu alt sind und Daihatsu sie nicht mehr produziert.

Bis Tingkat – Der Doppeldeckeromnibus hat seine eigenen Fans: Das Erlebnis, in der oberen Etage erhöht über allem zu schweben, hat man in einem normalen Bus natürlich nicht. Der Doppeldeckeromnibus ist platzeffizient und bei Touristen sehr beliebt. In Jakarta wird diese Art Bus nicht mehr benutzt, unter anderem weil die Ersatzteile zu teuer sind, sich der Bus zu langsam bewegt und er nicht mehr zu Jakartas Image passt. In Solo, Zentraljava, ist der *Bis Tingkat* (wörtlich »Etagenbus«) noch für Touristenfahrten im Einsatz.

Oplet – Wie zum Bajaj gibt's zum *Oplet* einen Film: »Si Doel Anak Sekolahan« (»Doel, ein Schulkind«). Man kann das Oplet mit einem Bemo vergleichen, aber das Oplet ist viel größer und dadurch angenehmer. Außerdem ist das Oplet nicht so laut. Die meisten Oplets wurden vom englischen Unternehmen Austin-Morris produziert. Das Besondere am Oplet ist, dass der Körper völlig aus Holz ist. Oplets sind nicht mehr im Einsatz; sie werden eher von Sammlern »gejagt«.

Trem – *Trem* (Straßenbahn) war ein übliches Transportmittel zu Zeiten Niederländisch-Indiens, als Jakarta noch Batavia hieß. Am Anfang wurde eine Trem von Pferden gezogen – für damalige Zeiten sogar eine recht lange Strecke. 1881 ersetzt die Dampf-Trem das Pferd, und bediente damit noch längere Wege. Etwa 20 Jahre später wurde die elektrische Trem eingeführt, und in den 1960er Jahren ist die Zeit der Trem vorbei, weil der damalige Präsident Sukarno dachte, die Trem passe nicht mehr zu Jakarta. Er wollte in seiner Hauptstadt U-Bahnen. Die erste Strecke der *Metro* wird aber erst 2018 eröffnet. 50 Jahre nachdem die Trem abgeschafft wurde.

Ojek [ɔ-ʒek] – Das *Ojek* (Motorradtaxi) ist in Jakarta sehr verbreitet, weil es sehr praktisch ist. Durch Jakartas Staus kann sich ein Ojek schlängeln, weil es zwischen zwei Autos einfach durchfahren kann. In Indonesien nimmt man das »Schlangestehen« sowieso nicht so ernst. Obwohl das Ojek kein offizielles Transportmittel ist, kann man sie überall in Indonesien und Jakarta finden. Praktisch jeder, der ein Motorrad – oder Moped – hat, kann als Motorradtaxifahrer arbeiten. Dann wird daraus ein *Taxi Gelap* oder »dunkles Taxi«; man benutzt das Wort »dunkel« an Stelle von »schwarz« für etwas Illegales.

Im November 2011 wurde *Taxijek* (»Taxi« und

»Ojek«) in Jakarta vorgestellt. Es handelt sich um ein Taxi-Angebot, das nicht mit einem Auto, sondern einem Motorrad betrieben wird. Neben einem Taxameter hat der Fahrer eines Taxijeks eine Mitarbeiterkarte vom Unternehmen. Der Passagier bekommt nach Bedarf eine Regenjacke, einen Helm und eine Einwegmütze, die man unter dem Helm trägt, geliehen. Anders als ein Ojek, darf ein Taxijek in der Regel auch in geschlossenen Siedlungen fahren.

Jakarta kulinarisch genießen

Die lokale Küche Jakartas ist die der *Betawi*. Sie spiegelt die langandauernden fremden kulinarischen Einflüsse wider, die die Bevölkerung Jakartas für Jahrhunderte beeinflusste. Die *Betawi*-Küche ist sehr stark von der chinesischen beeinflusst, auch von der malaysischen sowie der benachbarten sundanesischen und javanischen. Außerdem gibt es auch Elemente aus der indischen, arabischen und europäischen Küche. Eines der populärsten Gerichte Jakartas ist *Soto Betawi*, eine Reissuppe mit Rindfleischwürfeln und Innereien; Fleisch und Gewürze werden in Kokosnussmilch gekocht. Andere populäre Betawi-Gerichte sind beispielsweise *Soto Kaki* (wie *Soto Betawi* mit Fleisch vom Rinderbein), *Nasi Uduk* (Reis mit Gewürzen in Kokosnussmilch gekocht), *Kerak*

Telor (ein Omelett mit Gewürzen), *Asinan* (Früchte in heller Soße – erfrischend an einem heißen Tag, aber in der Regel scharf), *Rujak* (kleingeschnittene Früchte mit scharfer Soße) oder *Gado-Gado Betawi* (Gemüse in Nusssoße).

In jedem Einkaufszentrum Jakartas gibt es einen *Foodcourt*, einen großen Raum, in dem verschiedenste Gerichte an unterschiedlichen Kiosken angeboten werden. Die Stände sind häufig nur Repräsentanten der (größeren) Restaurants an anderen Orten in der Stadt. Die Buden sind nebeneinander an den Wänden aufgebaut, in der Mitte stehen Tische und Stühle für die Gäste. Ähnliche Angebote – aber mit anderer Atmosphäre – gibt es auch draußen unter freien Himmel auf Plätzen oder Gehwegen. An bestimmten Straßen Jakartas stehen *Warungs*. In diesen Zelten steht ein Tisch in der Mitte, man sitzt an drei Seiten des Tisches auf zusammengezimmerten Biergartenbänken; an der vierten Seite steht der Bediener. Außen ist an der Zeltwand angeschlagen, welche Gerichte angeboten werden – das kann von gebratenem Tofu bis Meeresfrüchten alles sein.

Ein Warung-Besitzer kann, obwohl er kein Edelrestaurant oder eine Bude in einer Shopping-Mall betreibt, von seinen Einkünften leben. Allerdings gibt es auch bei Warungs qualitative Unterschiede: gut oder weniger gut, für bestimmte Konsumentengruppen gedacht und so weiter. Der Gewinn, den ein

Warung-Betreiber macht, hängt von seinen Gästen ab: An manchen Straßen, nicht weit von Büros und Geschäftsarealen entfernt, ist in der Mittagszeit reger Andrang. Büroangestellte gehen gerne auch zu Warungs, nicht nur in die Foodcourts oder Restaurants. Die Warungs bieten in der Regel »echte« indonesische Küche, die man vielleicht von zu Hause kennt, in einer lockeren und angenehmen Atmosphäre. Man ist mit dem »Volk« zusammen, wenn man im Warung isst.

Weil Jakarta oft als Schmelztiegel und eine Miniatur von Indonesien betrachtet wird, finden sich hier auch Gerichte aus anderen Gegenden Indonesiens, beispielsweise *Padang*-Küche aus Westsumatera oder *Warteg (Warung Tegal)* mit Spezialitäten aus Tegal, einer Stadt in Zentraljava.

In direkter Nachbarschaft zu diesen kleineren indonesischen Läden bieten andere internationale Küche an, etwa Chinesisch, Japanisch, Koreanisch, Thailändisch, Indisch, Amerikanisch, Französisch, Italienisch oder Vietnamesisch. Wenn Sie Jakarta besuchen, brauchen Sie mindestens zwei Wochen, um die kulinarischen Angebote zu testen – schaffen werden Sie höchstens die Hälfte!

So alt und seit der Gründung schon »international«, ist Jakarta die Stadt mit vielen Geschichten und Legenden. Vieles in diesen Geschichten ist nicht mehr überprüfbar, weil es keine Dokumentation gibt oder Unterlagen schon verloren gegangen sind. Man weiß nur, dass die in den Geschichten erwähnten Gegenden schon sehr alt sind, tatsächlich existieren und inzwischen ganz anders aussehen. Wegen der langen Okkupation durch die VOC und die Niederländer, sind viele Erzählungen mit der Geschichte der Kolonie verflochten. Eine davon ist die Legende von Si Pitung, einem jungen Mann aus Batavia.

Der Name *Pitung* kommt vom sundanesischen Wort *Pitulung*, welches »um Hilfe bitten« oder »Helfer« bedeutet. Sein richtiger Name ist Salihun. Die Geschichte ist in drei Versionen überliefert: eine indonesische, eine niederländische und eine chinesische Variante. Jede Fassung bietet eine andere Sichtweise auf den jungen Mann, alle spiegeln die soziale und politische Situation der Zeit wider. Pitung ist – aus Sicht der einheimischen Jakartaner – einer von Jakartas Helden. Er raubte Geld und andere Gegenständen von reichen Leuten (einheimisch und niederländisch), wohl um es an das Volk weiterzugeben; die niederländische Version besagt (natürlich) das Gegenteil. Aber jede Version beinhaltet auch ein

Stückchen Wahrheit. Was wirklich passierte, ist heute kaum noch nachzuvollziehen.

Pitung wurde in der Gegend Pengumben in Rawabelong (jetzt in Westjakarta) geboren, als Indonesien niederländische Kolonie war. Er wurde – wie es früher üblich war – in ein *Pesantren*, einem islamischen Internat, eingeschult; Leiter war Haji Naipin (oder Haddsch Naipin), ein Ziegenhändler.

Die eigentliche Geschichte beginnt damit, dass Pitung auf den Markt in Tanah Abang geschickt wurde, um Ziegen zu verkaufen. Die Ziegen wurden ihm jedoch von einigen *Centeng* (»Schlägern«) gestohlen. Pitung ging mit leeren Händen nach Hause und bekam Ärger mit seinem Vater. Der Junge war aber nicht böse und erklärte einfach, dass er beraubt wurde. Daraufhin befahl ihm der Vater, entweder die Ziegen zu finden oder das nötige Geld nach Hause zu bringen. Pitung schaffte es tatsächlich, die Schläger zu finden, die Teil einer organisierten Bande waren. Sie boten ihm an, sich der Bande anzuschließen und ihr »Chef« zu werden. Anfangs zögerte er, willigte aber schließlich ein.

Pitung und seine Bande waren erfolgreich, weil sie eine »kluge« Täuschung einsetzten: Sie verkleideten sich als Angestellte der niederländischen Kolonialmacht und gaben an, für den Verwalter des Bezirks, Mester Cornelis, zu arbeiten. Mester Cornelis oder Cornelis Senen war ein reicher Mann, der 1621 von der molukkischen Insel Lontor nach Batavia kam, dort eine Schule baute und als Missionar das Christentum lehrte. Der Titel »Mester« drückt seine Lehrtätigkeit aus – seit dieser Zeit heißt die Gegend in Ostjakarta, in der er wohnte, »Mester Cornelis«; heutzutage wird sie »Jatinegara« genannt. Im 19. Jahrhundert, in der die Geschichte von Pitung spielt, war Jatinegara noch circa 15 Kilometer von der eigentlichen Stadt entfernt.

Pitung und seine Bande waren auch für raffiniert angelegte Betrügereien verantwortlich. Sie schrieben einen Brief an Haji Saipudin, er solle sein Geld im Bezirk Mester Cornelis deponieren, sie würden das Geld vor Kriminellen gut schützen. Natürlich stahlen Pitung und seine Bande das Geld, und so wurden sie von den *Kompenie* (jakartanische Bezeichnung für die Kolonialmacht) gesucht. Vor allem A. W. van Hinne, der Polizeichef Batavias von 1888–1912, interessierte sich für Pitung. Obwohl er es schaffte, Pitung zu fassen, konnte dieser das Gefängnis von Mester Cornelis auf ungeklärte Weise wieder verlassen; van Hinne vermutete dabei den Einsatz magischer Kräfte.

Van Hinne setzte Pitungs ehemaligen Lehrer Haji Naipin unter Druck, der dem Polizeichef das Geheimnis um Pitungs magische Kraft offenbarte. Warum Pitung überhaupt magische Kräfte besitzt, ist in unterschiedlichen Versionen überliefert: Einige besagen, dass Pitung einen *Jimat* (»Glücksbringer« oder »Beschützer«) besitzt, nämlich in Form eines *Keris*, eine Art kleiner Dolch aus Java, von dem oft behauptet wird, er besitze oder vermittele magische Kräfte. In einer Fassung verlor Pitung seine Kraft, weil seine Haare geschnitten wurden, eine andere sagt, ihm habe jemand ein Ei zugeworfen. Wieder andere Darstellungen behaupten, Pitung sei von seinen Kameraden oder von einem der Kameraden verraten worden. Vielleicht passierte alles tatsächlich, und alles zusammen verursachte, dass er seine Kraft verlor.

Jedenfalls starb Pitung durch einen Schuss van Hinnes, und er tötete ihn mit einer goldenen Kugel (oder doch mit normalen Kugeln, aber dafür schoss er dreimal, weil der erste und zweite Schuss daneben gingen.) Nach seinem Begräbnis wurde das Grab von Soldaten bewacht, weil viele Menschen glaubten, er könne auferstehen.

Einem Bericht vom 26. August 1892 in *Hindia Olanda*, einer malaysischen Zeitung zufolge, konnte die Polizei Pitung und seine Bande verhaften, weil der Vorsteher von *Kampung Kebayoran* (das Dorf Kebayoran) ihr Versteck gegen Geld verriet. Aber auch aus dieser Situation konnte sich die Bande aus dem Gefängnis befreien, weil ein Wächter ihnen ein *Belincong*, eine Art Brechstange, gab (*Hindia Olanda*, 24. April 1893).

Es ist eigentlich nicht wichtig, welche Version richtig ist. Jedenfalls drückt sich in *Si Pitung* die Unzufriedenheit des Volkes, das jahrhundertelang unter dem Joch von VOC und der Verwaltung Niederländisch-Indiens stand aus. Berichte aus der damaligen Zeit belegen die Absicht der Regierung, Pitung erschießen zu lassen, sobald sie seiner habhaft werden. Einige Offiziere waren wohl dagegen, weil sein Tod den Widerstand und die patriotische Bewegung stärken würde. Es waren wohl eher diese Befürchtungen, die die Kolonialmacht in Angst versetzten, nicht die Befürchtung, Pitung könne aus seinem Grab »auferstehen«. Die Verwalter befürchteten den Widerstand des Volkes, der dann auch tatsächlich eintrat. Dabei half die Angst ihnen nicht weiter. Es war einfach an der Zeit, das Land den rechtmäßigen jahrhundertelang unterdrückten Besitzern zurückzugeben.

Gier, Leidenschaft und Mord in Batavia

Es geht in den Geschichten aus der Kolonialzeit nicht nur um Patriotismus und Widerstand. Ein anderes Beispiel ist das einer Frau. So wie bei den anderen Erzählungen, gibt es auch hier Variationen der Geschichte. Welche die richtige ist, weiß man nicht genau – aber es ist auch nicht wirklich wichtig. Es ist eine Geschichte aus einer Zeit, die längst vergangen ist.

Dasima ist ihr Name. Batavia war nicht ihre Heimat, sie kam ursprünglich aus dem Dorf Kahuripan, in Westjava. So wie sie beschrieben wurde, ist »schön« nicht das richtige Wort, und »hübsch« auch nicht. *Bahenol* nennt man sie auf Jakartanisch, das englische Wort »hot« trifft vielleicht eher zu. Dafür war sie bekannt, und viele Männer begehrten sie, auch Mister Edward, ein reicher Engländer in Niederländisch-Indien.

Dasima wusste, dass Männer sie begehrten, und sie war keine Frau, die für harte Arbeit geboren ist, sondern eher für ein Leben in Freuden und Genuss. Deshalb hatte sie nichts dagegen, mit dem viel älteren aber reichen Mister Edward zusammenzuleben, ohne seine Ehefrau zu werden. Deswegen nannte man sie *Nyai* – die Bezeichnung für Frauen, die Geld und andere Fazilitäten, aber ohne offiziellen Status, erhalten.

Aus ihrer Beziehung ging eine Tochter hervor, Nancy. Auch mit einem Kind war Nyai Dasima noch heißbegehrt. Sie erhielt von ihrem Mister Edward ein Haus und eine Reihe Bedienstete, die ihre Bedürfnisse voll und ganz befriedigen sollten. Anfänglich wohnte das Paar in Tangerang, später zogen sie nach Pejambon in Batavia um.

Jeder Mann, der an dem Haus in Pejambon vorbei ging, blieb angeblich lange stehen, wenn er die Chance bekam, Nyai Dasima zu sehen; er konnte seine Augen einfach nicht mehr von ihr lassen. Alle Verheirateten, so sagte man, bedauerten, schon verheiratet zu sein. Wenn sie doch Dasima zur Frau hätten, wären sie bestimmt viel glücklicher. Und sie malten sich wohl aus, wie Nyais Augen strahlten, wie hell und sanft ihre Haut war und wie die Kurven ihres Körpers zum Anfassen einluden.

Glück hatte Samiun, ein Kutschenfahrer. Sein Onkel arbeitete bei der niederländischen Verwaltung. Er fand für Samiun einen Grund, in das Haus Nyai Dasimas zu kommen. Obwohl Samiun schon eine Ehefrau hatte, Hayati, konnte er der Versuchung nicht widerstehen. Hayati verehrte und begehrte er – aber das war schon länger her. Im Vergleich zu Nyai Dasima, die in seinen Augen wie die Prachtkutsche eines Königs aussah, war Hayati wie eine Schrottlaube.

Samiun wollte Nyai Dasima haben, koste es was es wolle. Er kratze sein letztes Geld zusammen und suchte einen *Dukun*, einen Experten in schwarzer Magie, namens Haji Salihun auf, der seine Dienstleistung gegen Geld anbot. Samiun kaufte von ihm einige Mantras, die es ihm ermöglichen sollten, Nyai Dasima zu besitzen. Damit die magischen Formeln wirkten, brauchte er aber einige Haare des Objekts seiner Begierden; dafür bestach er Mak Buyung, eine Bedienstete aus dem Haushalt der Dasima.

Nyai Dasima veränderte sich tatsächlich. Samiun war für sie plötzlich der knackigste Kerl Batavias.

Wenn er mit seinem Muskelpaket neben Mister Edward stand, war Mister Edward wie eine Rostlaube, für die man nichts mehr bekam, wenn man sie verkaufen wollte. Bewegt von schwarzer Magie ging Nyai Dasima zum Fluss Ciliwung, wo Samiun mit einem Bambusfloß auf sie wartete. Sie gingen zusammen zu Mak Soleha, Samiuns Mutter, die in Kwitang, heute Zentraljakarta, wohnte.

Bevor er seinen Plan umsetzte, hatte Samiun mit seiner Frau eine Abmachung getroffen: Hayati erlaubte Samiun Nyai Dasima zu heiraten, dafür sollte sie selbst das Vermögen der schönen Frau erhalten. Nun gehörte die »Blume von Pejambon« Samiun, die beiden heirateten, und sie tat alles, was er von ihr verlangte. Zu der Zeit besaß Nyai Dasima circa 6000 Gulden. Samiun, Mak Soleha und auch Hayati »liebten« Samiuns zweite Frau. Aber die Liebe reduziert sich genauso schnell wie das Vermögen. Als das ganze Geld verbraucht war, wurde Nyai Dasima für sie zur Last. Sie hatte ja noch mehr Geld, das aber war in Pejambon bei Mister Edward.

Die Verhaltensänderung von Hayati, Mak Soleha und Samiun machte Nyai Dasima deutlich, dass sie von den dreien ausgenutzt worden ist. So forderte Nyai Dasima die Scheidung. Samiun war einverstanden unter der Bedingung, das verbliebene Vermögen zu erhalten. Dabei spielte Hayati eine wichtige Rolle, indem sie Samiun unter Druck setzte, und so versuchte er alles, seiner zweiten Ehefrau das Geld abzuschwatzen. Aber da sie erwartete, Mister Edwards Zorn ertragen oder sogar ins Gefängnis gehen zu müssen, weil sie ihm Schande vor den anderen Europäern gemacht hat, blieb sie hart.

Die Situation war für alle unerträglich, und sie ließen sich scheiden, aber Nyai Dasima blieb in Samiuns Haus, weil sie keine Verwandte in Batavia hatte. Außerdem hatte sie ja auch kein Geld mehr, um in ihr Dorf zurückzukehren. Und ihr fehlte der Mut, Mister Edward um Verzeihung zu bitten. Hayati hasste Dasima immer mehr und setzte Samiun weiter unter Druck, weil er sein Versprechen nicht erfüllte. In seiner Verzweiflung entschied sich Samiun, Nyai Dasima zu töten.

Aber er konnte es nicht selbst tun und engagierte Bang Puase, einen Schläger aus Kwitang, wo Samiuns Mutter wohnte. Die beiden einigten sich über die Bezahlung und besprachen, wie der Mord umgesetzt werden sollte. Samiun bezahlte im Voraus und ging erleichtert nach Hause. Er lud Nyai Dasima ein, mit ihm zu einer Vorstellung zu gehen, und weil er plötzlich so nett war, fing Nyai Dasima wieder an, ihn zu lieben.

Am besagten Abend machte sie sich so schön wie möglich. In Kwitang wartete Bang Puase an einer schmalen Brücke auf sein Opfer. Die beiden Männer warfen die Leiche von Nyai Dasima nach dem Mord in den Fluss. Und der Fluss brachte sie nach Pejambon, wo Mister Edward sie fand. Allerdings bekamen Bang Puase und Samiun nicht mit, dass sie bei ihrer Tat beobachtet wurden. Aber alle drei Zeugen hatten Angst vor Bang Puase, dem Schläger, deshalb sagten sie nichts.

Mister Edward war sehr traurig und meldete den Mord an seiner Ehefrau bei der Polizei. Die nahm die Sache sehr ernst und betrachtete den Mord als Bedrohung der Europäer in Batavia. Die Polizei leitete eine Fahndung ein und versprach allen Personen viel Geld, die einen Hinweis zur Aufklärung geben konnten. Trotz ihrer großen Angst, ermutigte die hohe Belohnung die Augenzeugen zur Aussage bei der Polizei.

Bang Puase wurde gefasst. Bei ihm fand man die blutverschmierte Tatwaffe, ein *Golok*, ein kurzes Schwert, das auch als Werkzeug verwendbar ist. Nach dem Gerichtsverfahren wurde Bang Puase zur Strafe gehenkt. Der Auftraggeber Samiun konnte allerdings nicht gefasst werden; er wurde nie wieder in Kwitang gesehen.

Bis heute ist die Geschichte von Nyai Dasima bekannt. Nicht nur, weil sie durch das tragische Ende weiterhin erzählt wird, sondern weil man sie mit anderen Geschichten oder Begebenheiten verbindet, die damit wahrscheinlich gar nichts zu tun haben. Und wie in Indonesien üblich, würzt man die Erzählungen gern mit einer Geistergeschichte: Angeblich gibt es immer wieder Erscheinungen von Nyai Dasima im *Gedung Pancasila*. Das Verwaltungsgebäude der Regierung von Niederländisch-Indien (und heute der indonesischen Regierung) stammt aus der Kolonialzeit und steht in der *Jalan Pejambon* (»Pejambon Straße«) Nummer 6. Hier wurden die *Pancasila* (»fünf Prinzipien«), die Grundsätze der indonesischen nationalen Ideologie, verfasst. Einige Angestellte dort haben behauptet, den Geist von Nyai Dasima gesehen zu haben. Obwohl sie diese Frau noch nie im Leben gesehen haben können, wissen sie genau, dass es sich um ihre Erscheinung handeln muss. Die Erscheinungsgeschichte ist mittlerweile ein fester Teil der Legende von Nyai Dasima. So lebt die »Blume von Pejambon« weiter.

Wie spät ist es in Indonesien?

Das ist eine Frage, die nicht so leicht beantwortet werden kann. Zumindest muss man die Geographie Indonesiens gut kennen, um ungefähr zu wissen, in welchem Teil des Landes die Stadt oder Gegend liegt, in der man sich gerade befindet. Durch die Größe gelten in Indonesien drei Zeitzonen:

- *Waktu Indonesia Barat* (WIB): Westindonesien
- *Waktu Indonesia Tengah* (WITA): Zentralindonesien
- *Waktu Indonesia Timur* (WIT): Ostindonesien.

Der Zeitunterschied zwischen Deutschland und Westindonesien ist im Sommer + 5 Stunden, im Winter + 6. Zwischen Deutschland und Zentralindonesien ist + 6 im Sommer und + 7 im Winter. Mit Ostindonesien ist der Unterschied am Größten: + 7 Stunden im Sommer und + 8 im Winter. Wenn man in Berlin um 9 Uhr morgens an einem Tag im Januar mit der Arbeit beginnt, ist es in Jakarta (Westindonesien) bereits 15 Uhr am Nachmittag, auf Bali (Zentralindonesien) ist es 16 Uhr und auf Papua (Ostindonesien) zur gleichen Zeit 17 Uhr.

Die drei Zeitzonen	
West (WIB)	– Sumatera und alle Inseln im Umfeld – Java – die Provinzen West- und Zentralkalimantan
Zentral (WITA)	– Sulawesi – die Kleinen Sundainseln (mit Städten wie Denpasar, Mataram, Kupang) – die Provinzen Nord-, Ost- und Südkalimantan
Ost (WIT)	– Molukken – die Provinz Westpapua und alle benachbarten Inseln – die Provinz Papua

Wie ist das Leben in einem tropischen Land?

Indonesien liegt genau am Äquator, es herrscht tropisches Klima. Allgemein kann man sagen, dass die Temperatur immer zwischen 25° und 30° Celsius beträgt – das ganze Jahr, tagsüber und nachts. In den hohen Gebirgen Indonesiens ist es natürlich kühler und im *Jayawijaya*-Gebirge gibt es – wie gesagt – Gletscher.

Durch die Lage am Äquator geht die Sonne immer um sechs Uhr morgens auf und um sechs Uhr am späten Nachmittag unter, so wie der deutsche Dichter Dauthendey es in seinem Tagebuch vermerkte. Das tropische Klima kennt nur zwei Jahreszeiten: Regenzeit (ungefähr von Oktober bis März) und Trockenzeit (circa von Mai bis August). Die Monate April und September sind die »Zwischenzeiten« (Indonesisch *Pancaroba*), in denen sich das Wetter ändert. Es gibt also keinen Winter, in dem nichts wächst; es gibt auch keinen Frühling, in dem die Natur erwacht und sich neue Sprosse bilden; selbstverständlich existiert auch kein Herbst, in dem die Blätter gelb und braun werden, und auf den Boden fallen.

Es gibt Menschen, die gern dauerhaft in diesem warmen Klima leben möchten; so leben und arbeiten einige Europäer, besonders aus kälteren Gegenden, in Indonesien, beispielsweise auf Bali und anderen Inseln. Allerdings vermissen manche die vier Jahreszeiten und die damit verbundenen Veränderungen in der Natur. Der Dichter Max Dauthendey jedenfalls vermisste die Jahreszeiten, als er sich in den vier Jahren des Ersten Weltkrieges im »Paradies« aufhalten musste.

Viele Menschen freuen sich über die warmen Temperaturen, über die freundliche Atmosphäre und die Leute. Andere interessieren sich auch für die Biodiversität des Landes: Man geht davon aus, dass in Indonesien mehr als 300 000 Wildtier-Spezies leben – das sind 17 % der Arten der Welt. Das ist viel, vor allem wenn man bedenkt, dass die Fläche Indonesiens nur 1,3 % der Weltfläche beträgt. Forscher meinen, auf dem indonesischen Archipel leben circa 510 verschiedene Säugetier- und 1539 Vogelarten. Außerdem leben 45 % der weltweit bekannten Fischarten in indonesischen Gewässern.

Aber Indonesien ist nicht nur das Zuhause so vieler verschiedener weltweit vorkommender Spezies. Der Bericht der »Internationalen Union zur Bewahrung der Natur und natürlicher Ressourcen« (IUCN) nennt 813 endemische Arten, also Tiere, die nur in Indonesien zu finden sind.

Obwohl das Land reich an Pflanzen- und Tierarten ist, wurde und wird bisher viel zu wenig getan, um diesen Reichtum zu bewahren. Man denkt oft viel zu sehr an wirtschaftlichen Profit, und fällt Bäume oder zerstört weite Teile der Wälder, die der Lebensraum dieser Tiere und Pflanzen sind.

Um ein Bewusstsein für die indonesische Flora und Fauna zu fördern, erklärte die Regierung den 5. November zum *Hari Cinta Puspa dan Satwa Nasional* oder »Tag der Liebe zu nationalen Blumen und Tieren«. Jedes Jahr gibt es eine neue Briefmarkenserie unter diesem Motto: Die Postwertzeichen zeigen Bilder von Pflanzen und Tieren, die nur in einer bestimmten Region oder Provinz vorkommen.

Der Ursprung der Flora in Indonesien ist von den geographischen und geologischen Begebenheiten Asiens und Australiens sehr beeinflusst. Eine sehr lange Zeit war der Bereich Asien, Australien, Neuseeland in einem großen Superkontinent, *Gondwana* genannt, vereint; Tiere wie Pflanzen konnten sich in dieser Zeit überall verbreiten. Nach der Teilung vor circa 140 Millionen Jahren, bestehen in diesen Gegenden weiterhin gewisse Ähnlichkeiten, allerdings bildeten sich im Laufe der Millionen Jahre durch verschiedene Klimata unterschiedliche Ökosysteme heraus, die wiederum verschiedene Spezies hervorbrachten.

Im 19. Jahrhundert teilte der britische Naturforscher Alfred Russel Wallace (1823–1913) Indonesien in biogeographische Gebiete ein (»Wallace-Linie«). Wallace erkannte nämlich, dass auch zwischen den

Inseln innerhalb Indonesiens deutliche Unterschiede im Ökosystem existieren. Die Wallace-Linie verläuft zwischen Borneo und Sulawesi und weiter nach Süden zwischen Bali und Lombok. Diese biogeographische Trennlinie teilt Indonesiens Fauna und Flora in die asiatische (*Orientalis* oder *Sundaland* genannt) und die australische (*Australis* oder *West Papua-Papua*).

Ein anderer Forscher, Richard Lydekker (1849–1915) schlug eine weiter östlich liegende Trennung vor (»Lydekker-Linie«); das Gebiet zwischen »Wallace-« und »Lydekker-Linie« wird *Wallacea* genannt. Hier finden sich Pflanzen- und Tierarten, die in beiden anderen Gebieten vorkommen.

Allerdings wurden im Laufe der Geschichte auch Pflanzenarten von Händlern, Abenteurern, Kolonialmächten oder Forschern aus anderen Erdteilen nach Indonesien gebracht.

Was blüht auf den Inseln?

In Indonesien wachsen immer Blumen. Bevor die alten Blüten verwelken, kommen schon neue Knospen. Bevor die Blätter gelb werden und fallen, sind die neuen kleinen hellgrünen schon da. In Europa gibt es Blumen, die aus der Erde kommen, sobald die Kälte des Winters vorbei ist, beispielsweise Schneeglöckchen oder Krokusse. Sobald die Temperatur steigt, wachsen Sommerblumen wie Margeriten oder Vergissmeinnicht, und auch der Herbst hat seine eigenen Blumen. In Indonesien blüht eine Pflanze nicht nur einmal im Jahr.

Deutscher Name	Indonesischer Name	Erklärung
Rose	Mawar	wächst überall
Gerbera	Herbras	
Nelke	Anyelir	Sorte *Dianthus caryophyllus*
Sonnenblume	Bunga Matahari	
Iris	Iris	
Tulpe	Tulip	braucht Extrapflege
Lilie	Bakung	
Orchidee	Anggrek	es gibt da mehr Sorten als in Deutschland
Gladiole	Gladiol	
Narzisse/ Osterglocke	Narsis	wächst nur in kühleren Gegenden
Anthurie	Anthurium	
Chrysantheme	Seruni	

Einige Blumen, die auch in Deutschland wachsen – beispielsweise Lilien, auf Indonesisch: *Bunga Lili* (*Bunga* – »Blume«), oder Chrysanthemen, die man in Indonesien als *Seruni* kennt –, finden sich in Indonesien, allerdings nur in den kühleren Gegenden. Rosen sind jedoch überall zu finden, auch in den heißen Städten wie Jakarta. Andere Pflanzen gehören nur zur gleichen Familie. Manchmal hat eine Blumensorte einen indonesischen Namen, wächst aber gar nicht auf den Inseln.

Viele Blumen haben in Indonesien anderen Namen; das führt manchmal zu Verwirrungen, bis geklärt ist, dass man über die gleiche Blume spricht.

Nicht nur Blumen wachsen und blühen das ganze Jahr hindurch, das gilt auch für Obst. Allerdings gibt es Obstsorten, die nur in wenigen Monaten massenhaft vorkommen und sehr schmackhaft sind. Es ist also besser, die Obstsaison zu kennen. Beispielsweise ist die Zeit von August bis November die beste Zeit, um Mangos zu essen, während die Sternfrucht nur im Juli und August sehr gut ist. Papayas, Bananen und Ananas wiederum kann man das ganze Jahr über genießen.

Die indonesischen Inseln, vor allem die Molukken, werden oft »Gewürzinseln« genannt – diese Inseln sind die Heimat von Nelke, Muskat und Pfeffer. In der Kolonialzeit waren Nelken und Muskat neben Gold und Silber für die meisten Europäer die teuersten Rohstoffe.

Fruchtname	Monate
süße Orangen	Mai August
Sternfrucht	Juli/August, Januar/Februar
Javaapfel	Juli/August und das ganze Jahr
Mango	August–November, April/Mai
Durian	Oktober–Februar
Mangostane	November–Februar
Rambutan	November–Februar
Avocado	November–Februar
Longan	Januar/Februar, Mai/Juni
Goldpflaume	Januar–März
Salak	Januar–April
Duku (Lansibaum)	Februar–April
Stachelannone	März–Dezember
Papayas, Bananen, Jackfrucht, Ananas	das ganze Jahr

Die Flora Indonesiens wird in drei Vegetationsgruppen eingeteilt: *Orientalis, Wallacea* und *Australis.* Was den Unterschied vor allem bestimmt, ist die Regenmenge. Der zweite Bestimmungsfaktor ist die Temperatur, die die Wasserverfügbarkeit beeinflusst. Sicher sind die Wälder der wichtigste Teil der indonesischen Flora. Die meisten Naturwälder existieren auf den Inseln mit niedriger Bevölkerungsdichte:

Sumatra, Borneo, Sulawesi und West-Papua, während die Vegetation auf Java und Bali von kultivierten Pflanzen dominiert ist. Mangroven und Sumpfwälder kann man an fast allen Inselküsten finden. In den kühleren oder höheren Gegenden findet man manchmal Pflanzen, die auch in Europa wachsen. Auf den Kleinen Sundainseln, die Inselgruppe östlich von Java, wo nicht viel Regen fällt, findet man große Gras-Savannen.

Die Nationalblumen

Was ist eine Nationalblume? Eine Blume, die den Charakter einer Nation und eines Landes repräsentiert; es können aber auch mehrere Blumen sein. Indonesien hat vier Nationalblumen. Sie wurden am »World Environment Day« oder »Weltumwelttag« am 5. Juni 1990 vom damaligen Präsidenten, Suharto, bekanntgegeben, nämlich *Melati, Anggrek Bulan* (»Mondorchidee«) und *Rafflesia Arnoldii.* Etwas später wurde die *Bunga Bangkai* hinzugefügt. In Indonesien hat jede der 34 Provinzen ihr eigenes Blumensymbol.

Melati (Jasminum Sambac) sind kleine weiße Blumen, die sehr süß duften. Sie sind auch bekannt als »Arabischer Jasmin«. Der Duft dieser Jasmin-Sorte ist süßer als der des Jasmins, den man in Deutschland im Sommer als Zimmerpflanze kaufen kann. In der indonesischen Tradition galt die Melati schon immer als heilige Blume; lange bevor sie zur Nationalblume wurde. Die kleine weiße Blume symbolisiert Reinheit, Heiligkeit, anmutige Einfachheit und Aufrichtigkeit.

Die weiße Melati ist auch die wichtigste Blume bei Hochzeitsritualen in einigen Stämmen Indonesiens, vor allem auf Java. Die Knospen werden gepflückt um Girlanden herzustellen, die wie Perlenketten aussehen und werden *Roncen Melati* genannt. Am Hochzeitstag werden die Haare einer javanischen oder sundanesischen Braut zusammengebunden und hochgesteckt. Sie werden mit einem Netz aus Melati-Girlanden bedeckt; die Girlanden sind meistens länger und hängen anmutig vom Kopf herunter.

Der Bräutigam trägt an seiner Taille einen *Kris*, einen kurzen, asymmetrisch geformten, typisch südostasiatischen Dolch, dessen Klinge oft nicht gerade, sondern wie eine kriechende Schlange geformt ist. Das Ende des Heftes wird mit fünf *Roncen* geschmückt. Die *Roncen Usus-Usus* (»Darm-Girlande«) erinnern in ihrem Aussehen an einen Darm und beziehen sich auf die Legende von *Arya Penangsang*.

Arya Penangsang war ein javanischer Herrscher aus dem 16. Jahrhundert. In der Zeit bekriegten sich die kleineren Herrscher häufig gegenseitig. Arya Penangsang war gut zu seinen Untertanen, aber er war auch ein sehr ungeduldiger und selbstgefälliger Herrscher. Bei einem Kampf, zu dem er sich hinreißen ließ, wurde seine Bauchdecke von einer Lanze aufgeschlitzt. Aber weil er Zauberkraft besaß – wie es in Legenden bekannter Figuren fast immer der Fall ist –, konnte er weiter kämpfen. Seinen Darm, der aus der Bauchhöhle herunterhing, wickelte er einfach um seinen *Kris*, den er an seiner Taille trug. Aber als er seinen *Kris* herauszog, um seinen Feind zu töten, durchtrennte er seinen Darm und starb.

Arya Penangsang starb aber nicht umsonst. Durch ihn wurde eine neue Tradition der javanischen Männerbekleidung begründet, vor allem beim javanischen Bräutigam. Bei der Frage nach dem Zweck der Girlanden gibt es unterschiedliche Sichtweisen: Die meisten meinen, die Melati-Girlanden sollen den Bräutigam daran erinnern, in der Ehe nicht ungeduldig und selbstgefällig – wie Arya Penangsang – zu sein. In einigen Teilen Zentraljavas denkt man aber, die Girlande sei ein Symbol von Arya Penangsangs Kraft, die es ihm ermöglichte, trotz der offenen Wunde kämpfen zu können. Man hofft, dass der Bräutigam als Ehemann Reichtum, Freude, Zusammenhalt und Respekt der Familie bewahren kann.

Auf Sulawesi bei den Makassar und Bugis werden die Haare der Braut auch mit Melati geschmückt, die wie kleine Perlen aussehen. Die Blumen werden auch als Gabe für Geister und Götter in vielen Ritualen genutzt, etwa bei den Hindu auf Bali.

Anders als andere Blumen haben Melati ein sehr

großes Bedeutungsspektrum: Sie sind nicht nur die Blumen des Lebens und der Schönheit, sondern werden auch mit Geistern und Tod assoziiert, weshalb sie auch oft bei Begräbnissen Verwendung finden. In indonesischen patriotischen Liedern und Gedichten werden die gefallenen Helden oft mit Melati symbolisiert. Das Lied *Melati di Tapal Batas* (»Melati an der Grenze«) des indonesischen Komponisten Ismail Marzuki aus dem Jahr 1947 erzählt von einer jungen Frau, die an die Front geht und für das Vaterland gegen die nach dem Zweiten Weltkrieg zurückgekommenen niederländischen Soldaten kämpft. Sie fiel an der Front, nicht weit von Jakarta.

Die anderen Nationalblumen wurden aus anderen Gründen ausgewählt. Die *Anggrek Bulan (Phalaenopsis amabilis)* oder »Mondorchidee« wurde wegen ihrer Schönheit ausgewählt und die zwei seltenen Blumen *Rafflesia Arnoldii* und *Titan Arum* wurden auserkoren, um die Einzigartigkeit der indonesischen Flora und die Biodiversität zu zeigen.

Wie zeigt sich die Fauna?

Biodiversität und endemische Tierarten sind charakteristisch für Indonesiens Fauna. Wie die Flora wird auch die Fauna in die drei Bereiche *Orientalis, Wallacea* und *Australis* eingeteilt.

In die Gruppe *Orientalis* oder *Sundaland* gehören Sumatra, Java, Borneo und die kleineren Inseln in der Nähe. Die Tiere auf diesen Inseln ähneln den Tieren in den anderen Regionen Asiens. Während der Eiszeit lebten diese Tiere in der ganzen Region, weil die Inseln noch nicht durch tiefe Meere getrennt waren. Deshalb finden sich in diesem Teil Indonesiens unter anderem Tiger, Rhinozerosse, Orang-Utans, Elefanten und Leoparden. Viele dieser Spezies gelten als vom Aussterben bedroht.

Die Linie von der »Makassarstraße« zwischen Borneo und Sulawesi bis zur »Lombokstraße« zwischen Bali und Lombok ist die Grenze zwischen der Tierartenverbreitung in West- und Ostindonesien. Die *Wallacea* ist die biogeographische Übergangszone zwischen *Orientalis* und *Australis*. Die Landfläche der Wallacea beträgt etwa 338 000 Quadratkilometer, die sich vor allem aus vielen kleinen Inseln zusammensetzt. Hier leben einzigartige endemische Spezies (sowohl in Flora wie in Fauna). Außerdem wird die *Wallacea* in Ökoregionen unterteilt: die Berge und tiefer gelegenen Gegenden von Sulawesi, Nordmolukken, Buru und Seram in der Inselgruppe der Molukken, die Kleinen Sundainseln, Timor und die Inseln in der Bandasee.

Die östliche Region ist die *Australis*. Die Fauna dieser Region besteht aus Säugetieren, Reptilien, Vögeln, Fischen, Amphibien und wirbellosen Tieren.

Außerdem gibt es auch hier Ökoregionen: die Berge auf der Vogelkop-Halbinsel, die Niederungen in Westpapua, die Biak- und die Yapen-Inseln. Es gibt auch Sumpfgegenden nicht weit von der Südküste und Mangroven in Küstennähe.

Welche Tiere repräsentieren das Land?

Jede Provinz in Indonesien hat ihre eigene Tierart, welche die Gegend symbolisieren soll. Die Tiere wurden ausgewählt, weil sie in der jeweiligen Region endemisch, typisch oder etwas Besonderes sind. Auf nationaler Ebene gibt es drei Tierarten: *Komodo* (Komododrache), *Siliuk merah* (Asiatischer Gabelbart) und *Elang Jawa* (Javaadler).

Wie wohnt man in Indonesien?

An einem Ort zu wohnen, an dem es immer warm ist (circa 28–30 °C), kann sehr praktisch sein. Man braucht weder Heizung noch Schornstein oder Schornsteinfeger. Man braucht sich auch nicht ärgern, wenn der Winter vor der Tür steht, der Öltank fast leer ist und der Ölpreis steigt. Auch das Wasser zum Duschen, Baden oder Händewaschen muss man nicht wärmen; dafür reicht die natürliche Wassertemperatur aus. So gibt es in normalen indonesischen Haushalten auch keinen Wasserhahn mit blauer und roter Markierung für »Kalt« und »Warm«.

Es kann aber auch sehr unangenehm werden, wenn die Temperatur auf 32 °C steigt und gleichzeitig die Luft sehr feucht ist. Um diese unangenehme Situation zu umgehen, nutzen die Leute, die es sich leisten können, Klimaanlagen; »AC« genannt, vom englischen *Air Conditioning*. In Autos, anstatt der Heizung eingebaut, in Einkaufszentren, Supermärkten und Büros – vor allem in Jakartas Wolkenkratzern – gibt es mittlerweile diese Klimatisierung. Es ist allerdings auch vielen Leuten wichtig, ein AC zu besitzen oder in Gebäuden mit AC zu arbeiten, weil man sich dadurch schicker fühlt.

Allgemein kann man sagen, wohnen Indonesier in Häusern. Mittlerweile geht vor allem in Jakarta der Trend zur Wohnung; gerade in den letzten Jahren wurden viele Apartment-Hochhäuser in Jakartas Business-Gegenden gebaut. Es gibt unterschiedliche Preisklassen, von »normal« bis Luxus – bloß sind auch die Standardwohnungen nicht unbedingt billiger, als ein Haus am Rande von Jakarta. Es gibt auch preiswerten Wohnraum, der vorwiegend für Familien mit niedrigerem Einkommen gedacht ist; allerdings liegen diese Apartments nicht zentral, sehen nicht besonders schön aus und sind häufig auch nicht sehr sauber. Allerdings meint man diese Wohnungen auch nicht, wenn man in Jakarta von »Apartments« redet.

Als in den 1990er Jahren die teuren Wohnungen gebaut wurden, klang es schick, in Apartments zu wohnen – unter anderem, weil da meistens reiche Ausländer wohnten, keine indonesischen »Normalbürger«. Heutzutage wohnen auch viele Indonesier in Apartments, auch in den hohen Gebäuden mit Luxusapartments und spektakulärem Blick über die Stadt. Viele kaufen auch eine Wohnung als Investition für das Alter. Mittlerweile geht es häufig aber nicht mehr darum, schick sein zu wollen, sondern man wohnt im Apartment, weil es zunehmend schwieriger wird, von einem Teil der Riesenstadt Jakarta in einen anderen ins Büro zu kommen:

Die Straßen sind während der *Rushhour* einfach voll.

Außerhalb von Jakarta sieht es anders aus: In den anderen Großstädten wie Surabaya oder Medan gibt es auch Staus, aber längst nicht so dramatisch, wie in der Hauptstadt. Wohnhochhäuser wie in Jakarta gibt es auch, aber nicht sehr viele. In den kleineren Städten ist das Leben noch entspannter, und je weiter man sich von einer Stadt entfernt, umso traditioneller sind das Leben und die Häuser.

Die meisten Stämme in Indonesien kennen ein Haus, allgemein *Rumah Adat* oder »Traditionshaus« genannt. In Häusern wie den *Rumah Adat* haben die Menschen ursprünglich gewohnt; teilweise werden die alten Häuser noch heute bewohnt oder ihre Bauweise fortgeführt.

Viele der *Rumah Adat* sind auf Stelzen gebaut. Früher benutzte man den Raum unter dem Haus, um die Ernte oder Nutztiere unterzubringen. Ein Haus auf Stelzen war auch unter dem Sicherheitsaspekt wichtig; sie boten den Bewohnern Schutz, wenn sich in früheren Zeiten Stämme gegenseitig bekriegten, oder – je nach Wohnort – auch vor Angriffen von wilden Tieren oder Naturereignissen wie Überschwemmungen sicher zu sein.

Hier sind einige Beispiele für *Rumah Adat* und die Gegenden, in denen sie zu finden sind.

- Das *Rumah Gadang* steht in Westsumatera. Der typische Charakter dieses Hauses ist das Dach, das die Spitzen in Form von Bullenhörnern hat.
- *Rumah Rakit* (*Rakit* – »Floß«) ist aus der Provinz und Inselgruppe Bangka Belitung. Diese Häuser stehen direkt auf dem Wasser, daher der Name.
- *Rumah Kebaya* ist das Traditionshaus der Betawi, Jakartas Ureinwohner. Das Besondere an diesem Haus ist die sehr große überdachte Terrasse, die genutzt wird, um Familie und Gäste zu empfangen.
- *Rumah Badui* gibt es in der Provinz Banten, in Westjava. Das Dach dieser Häuser ist aus Kokosnussblättern und der Fußboden aus Bambus.
- *Rumah Gapura Candi Bentar* gibt es auf Bali. Die Häuser werden nach dem Prinzip *Asta Kosala Kosali* gebaut, ein balinesisches *Feng Shui*, dessen Ziel die Harmonisierung der Menschen mit ihrer Umgebung ist, unter anderem mit diesen charakteristischen Merkmalen: reichhaltige Verzierungen, Schnitzerei und viele Farben.
- *Rumah Betang* stehen in den Westkalimantan, sie sind das Traditionshaus der Dayak und beeindrucken durch ihre Länge, die bis zu 150 Metern betragen kann.
- *Rumah Laikas* aus Südostsulawesi sind in der Regel sehr groß und prächtig ausgestattet wie ein Palast.

Für den Bau dieses Hauses nutzt man nur Holz, kein Metall.

- Das *Rumah Honai* aus Westpapua ist durch seine Einfachheit bekannt. Die Wände sind aus Holz und das Dach aus Gräsern. Ein *Rumah Honai* ist eher klein, weil es dadurch einfacher zu erwärmen ist. Diese Häuser stehen oft in den kühleren Gegenden Papuas.

Was isst und trinkt man?

Die indonesische Ernährungsphilosophie

Wie ernährt man sich richtig? Isst man am besten nur Biolebensmittel? Oder nur Gemüse? Indonesier haben da eine Antwort: alles essen! »Vier sind gesund, fünf perfekt« *(empat sehat, lima sempurna)*, lautet die Devise. Das bedeutet: Vier Nahrungsmittel garantieren Gesundheit, wenn man das fünfte noch dazu nimmt, ist es perfekt. Und über welche Nahrungsmittel reden wir hier?

Nummer eins ist *Makanan Pokok*, das Hauptnahrungsmittel. Der Körper benötigt es als Energiequelle, es handelt sich um kohlenhydratehaltige Nahrung wie Reis, Mais oder Kartoffeln. Wie in Asien üblich, ernähren sich die meisten Indonesier grundlegend von Reis. Viele schreiben dem Reis sogar eine magische Wirkung zu: Sie glauben, Reis ist das einzige Lebensmittel, das »richtig« satt macht. Für sie spielt es keine Rolle, wie groß der Nährwert von Reis – etwa im Vergleich zu Kartoffeln oder Nudeln – tatsächlich ist. Aber darum essen viele Indonesier Reis bereits zum Frühstück, das als wichtigste Mahlzeit des Tages angesehen wird.

Das zweitwichtigste ist *Lauk Pauk*. So nennen

Indonesier die Beilagen zum Hauptnahrungsmittel. *Lauk Pauk* liefern die wichtigsten Baustoffe des menschlichen Körpers. Dazu gehören proteinhaltige Nahrungsmittel wie Eier, Fleisch, Fisch oder Tofu. Zu einer Mahlzeit gehört in der Regel nicht nur eine Beilage; es kann durchaus vorkommen, dass man gleichzeitig ein Fleischgericht mit Fisch isst oder Tofu mit Eiern. Und ein Gemüseanteil gehört auch dazu.

Verschiedene Gemüse werden *Sayur-Sayuran* genannt und sind die Nummer drei in der Ernährungsphilosophie. Für Indonesier gehört die Kartoffel in die Rubrik Gemüse. Sie wird oft kleingeschnitten und zusammen mit Bohnen und Garnelen gebraten oder mit Hühnerleber und Chili.

Das viertwichtigste Lebensmittel ist die Vitaminquelle: *Buah-buahan*, so werden unterschiedliche Obstsorten genannt.

Die vier »gesunden« Nahrungsmittel werden mit dem fünften gekrönt, das die Ernährung perfekt macht: Milch. Für viele Indonesier war Milch lange Zeit allerdings ein zu teures Lebensmittel. Deshalb wird oft nur empfohlen, sie zu trinken.

Heute sehen manche Indonesier »Vier sind gesund, fünf perfekt« als nicht mehr geeignet an, weil auch in dem Inselstaat Wohlstandskrankheiten wie Adipositas (Fettsucht) vermehrt zu beobachten ist. Es gibt mit der »ausgewogenen Ernährungsleitlinie«

(Pedoman Gizi Seimbang) auch ein neues Konzept, das nur drei statt vier Kategorien kennt: Energiequelle, Quelle der leitenden Substanzen und Baustoffquelle. Genau genommen sind die neuen Kategorien mit den »vier gesunden Lebensmitteln« identisch, bloß sind Obst und Gemüse in der gleichen Nahrungsmittelgruppe zusammengefasst.

Tatsächlich »neu« sind in der Ernährungsleitlinie die vier Voraussetzungen für ein gesundes Leben, die jedoch bereits hinlänglich bekannt sind: abwechslungsreiches Essen, Sauberkeit, ausreichende Bewegung oder Sport und ideales Körpergewicht.

Kopi Luwak: Der Kaffee, der durch den Magen geht

Was haben Kaffeebohnen mit der »Schleichkatze« zu tun? Die Antwort ist: köstlichen Kaffee. *Kopi Luwak* oder »Luwak Kaffee« ist eine indonesische Kaffeespezialität. Um diesen Kaffee zu erhalten, braucht man eine besondere Art der Schleichkatze, den *Musang Luwak.*

Der *Musang Luwak* oder Fleckenmusang *(paradoxurus hermaphroditus)* lebt in Bäumen und ist vorwiegend nachtaktiv. Ein ausgewachsenes Tier wird größer als eine Hauskatze, und es ernährt sich von den Früchten der Kaffeepflanze und anderen Früchten, Kleinstsäugern oder kleinen Reptilien, Eiern und Insekten.

Dass ein *Musang Luwak* Kaffeebohnen frisst, ist nicht die einzige Verbindung zwischen diesem Tier und der mittlerweile international bekannten Kaffeesorte. Man könnte sagen, diese Tiere sind die Produzenten der »richtigen« Bohnen für diese Kaffeesorte. Sie fressen die Früchte der Kaffeepflanze, können aber mit ihrem einfachen Verdauungssystem nur das Fruchtfleisch verdauen; die mit einer harten Schale umhüllten Bohnen werden ausgeschieden. Die Kaffeebohnen aus dem Exkret der *Musang Luwaks* sind die Quelle des hervorragenden Geschmacks des »Luwak Kaffees«.

Der kanadische Lebensmittelchemiker Massimo Marcone von der University of Guelph verglich die ausgeschiedenen Kaffeebohnen mit herkömmlichen Kaffeebohnen. Laut seiner Untersuchung weisen die ausgeschiedenen Kaffeebohnen winzig kleine Krater auf. Er vermutet, dass sich in diesen Kratern Spuren der Verdauungsenzyme der Schleichkatzen festgesetzt haben, welche wiederum die in den Kaffeebohnen enthaltenen Proteine zum Teil abbauen und dann beim Rösten der Bohnen Aroma und Geschmack mitbestimmen. Der Kaffee verliert einen Teil seiner Bitterstoffe und die Fermentation verleiht dem Kaffee seinen einzigartigen sanften Geschmack.

Die Enzyme und die Nassfermentation im Darm

der *Musang Luwak* sind aber nicht die einzigen Aspekte, die den Geschmack garantieren: Die Tiere fressen nur reife und nur die besten Kaffeefrüchte. Mit ihrem Geruchssinn wählen die Tiere die Früchte, die gut und richtig reif sind.

Die Herkunft des *Kopi Luwak* ist mit der Geschichte des Kaffeeanbaus in Indonesien eng verbunden. Anfang des 18. Jahrhunderts legten die Niederländer Plantagen in Indonesien an. Die Plantagen, deren Ertrag verkauft wurde, waren vor allem in Java und Sumatra. Gepflanzt wurde unter anderem Kaffee von der wirtschaftlich wohl bedeutendsten Sorte *Arabica* aus dem Jemen.

In der Zeit des »Zwangsanbaus« (1830–1870), Niederländisch: *Cultuurstelsel*, wurden die Einheimischen gezwungen, einen Teil der landwirtschaftlichen Erträge für den Export abzugeben. Es war ihnen auch verboten, die Kaffeefrüchte für den Privatgebrauch von der Plantage mitzunehmen. Aber die Einheimischen wollten den Kaffee, das »bekannte« Getränk, probieren.

Sie fanden heraus, dass eine bestimmte Art von *Musang* Kaffeefrüchte fressen, aber nur das Fruchtfleisch verdauen können, während die Kaffeebohnen ausgeschieden werden. Die Bohnen wurden dann gesammelt, gewaschen, ohne Öl geröstet, zerhauen und mit kochendem Wasser übergossen. *Kopi Luwak* war erfunden.

Das Sammeln dieser speziellen Kaffeebohnen war für die einheimischen Plantagenarbeiter keine große Mühe, nachdem sie herausfanden, dass die Luwaks einen festen Ort für ihr »Katzenklo« hatten. So konnten sie eine Weile ihren wohlschmeckenden Kaffee genießen.

Doch von dem besonders aromatischen Kaffee hörten auch die holländischen Plantagenbesitzer. Innerhalb kürzester Zeit wurde der einheimische *Kopi Luwak* der Lieblingskaffe reicher Holländer.

Kopi Luwak gilt heutzutage als die teuerste Kaffeesorte der Welt. Nur in wenigen, dafür aber sehr guten Kaffeehäusern, Nobelrestaurants und Hotels wird *Kopi Luwak* angeboten. So kostet etwa in Moskau kostet eine Tasse bis zu 55 Euro, in Tokio sogar bis zu 75 Euro.

Im Internet kann man aber auch Online-Kaffeehändler finden, die *Kopi Luwak* anbieten, beispielsweise »Die Rösterei«, »Supremo« oder »Amazon«. In Europa liegt der Preis zwischen 800–1200 Euro pro Kilo. In Indonesien kosten geröstete Kaffeebohnen bis 281 Euro pro Kilo, Kaffee aus artgerechter Haltung bis 360 Euro.

Der hohe Preis ist natürlich ein Problem und verleitet die Produzenten, mehr Kaffee herzustellen, indem sie *Musang Luwaks* fangen und in Käfigen halten. Nach Angaben von Tierschutzorganisationen werden inzwischen Zehntausende von Tieren in engen Käfigen gehalten und nicht artgerecht ernährt, sondern nur noch mit Kaffeekirschen.

Laut Tierschutzorganisation PETA leiden viele Tiere an Mangelerscheinungen wie Haarausfall und an deutlich sichtbaren Verhaltensstörungen. Trotzdem bewerben einige dieser Massentierhalter die ausgeschiedenen Kaffeebohnen als Wildsammlung, erklärt PETA weiter.

Befürworter dieser Art der Tierhaltung argumentieren, die Tiere nähmen dadurch kontrollierter Nahrung auf, und die Produktion sowie der gewonnene Kaffee könnten nachprüfbarer erzeugt werden. Außerdem würden die Tiere vor Kaffeebauern geschützt, die *Musang Luwak* nicht gern in ihren Plantagen sehen. Mittlerweile gibt es aber auch schon einige Kaffeebauern, die »Luwak Kaffee« ökologisch und artgerecht produzieren und Mangelernährung bei den Tieren vorbeugen.

Außerdem gibt es Bemühungen, »Luwak Kaffee« künstlich zu produzieren: 1996 isolierten deutsche Wissenschaftler sechs Enzyme im Verdauungstrakt der *Musang Luwak*, aus denen sie im Auftrag der vietnamesischen Firma Trung Nguyen eine patentierte synthetische Lösung entwickelten, die den natürlichen Effekt nachbilden soll. Auch andere Kaffeearten, die ähnlich schmecken, werden durch eine Mischung von hochwertigen Bohnen mit zusätzlichen Aromen als *Kopi Luwak* verkauft.

Außerdem wurden »gestreckte« *Kopi Luwak* kreiert, etwa *Kopi Luwak* mit *Arabica* gemischt, um den Kaffee preiswerter anbieten zu können.

Aber kein künstlich hergestellter Kopi Luwak kann den Geschmack des Originals ersetzen, der – im wahrsten Sinne des Wortes – durch den Magen geht!

Spekulatius genießen, wo der Pfeffer wächst

Ein großer Teil des heutigen Indonesiens war lange Zeit niederländische Kolonie. Daher ist ein starker Einfluss der niederländischen Kultur in den Bereichen Religion, Feiern, Kleidung, Musik, Küche, Sprichwörter und Ausdrücke in der Sprache in einigen Gegenden Indonesiens zu bemerken. Zum Beispiel in der Provinz *Sulawesi Utara* (Nordsulawesi) und *Maluku* (Molukken).

In diesen Provinzen findet man einen ursprünglich niederländischen Kuchen, wie *Brudel*, oder auch Plätzchen, zum Beispiel *Speculaas* (»Spekulatius«), *Janhagel* und *Kaasstengels* (»Käsestangen«). Während in Deutschland Spekulatius ein typisches Weihnachtsgebäck ist, wird er in Indonesien – wie auch in den Niederlanden – ganzjährig gegessen. Außerdem gehören für die *Minahasa*, die ethnische Gruppe in der Provinz, *Speculaas* und anderes niederländisches Gebäck zum Alltag und zu ihrer Identität.

Wie wurden die europäischen Backwaren indonesisch? In den 1850er Jahren bereiste der evangelische Pfarrer Graafland die Gegend Nordsulawesi und notierte, dass Europäer die westliche Kultur den Minahasa schon bis in die kleinsten Dörfer vorgestellt hatten.

So zeigten die früheren Missionare den einheimischen Frauen auch, wie man in Europa kocht und Kuchen backt. Nach dem Historiker und Kulturwissenschaftler Fendy E.W. Parengkuan wurden diese Fertigkeiten und Kenntnisse über die Kirchen und deren Bildungsstätten verbreitet – und an die nachkommenden Generationen bis heute weitergegeben.

Es ist übrigens bei den Minahasa immer noch üblich, zu Geburtstags-, Hochzeits- und Weihnachtsfeiern einen *Brudel*, einen Brotkuchen, zu essen. Die Hauptzutaten sind Butter, Mehl, Zucker und Eier. Am besten schmeckt eine Scheibe *Brudel* in Tee oder Kaffee getunkt.

Dieser Kuchen gilt als niederländisch, wenigstens der Name klingt so. Mittlerweile ist aber nicht mehr ganz klar, ob dieser Kuchen wirklich aus dem Land der Windmühlen stammt. Wahrscheinlicher ist, dass heutzutage in einem Brudel auch die eine oder andere indonesische Zutat steckt. Die Frage nach der Herkunft ist den Indonesiern aber wohl nicht so wichtig; *Brudel* findet man bei jeder *Fete* der *Minahasa*, also muss er wohl aus den Niederlanden kommen, wie auch der Spekulatius, dessen Gewürze man in Indonesien frisch ernten kann.

Rebung oder wie isst man Bambus richtig?

Rebung ist der indonesische Name für »Bambussprosse«. In Deutschland findet man sie vor allem in der chinesischen Küche. Tatsächlich werden Bambussprossen traditionell schon lange in Indonesien gegessen, genauso wie in Japan, Taiwan und Thailand.

Dass Bambussprossen lecker schmecken, ist also kein Geheimnis. Allerdings ist der gesundheitliche Nutzen noch nicht allgemein bekannt. Bambussprossen sind besonders reich an Kalium, Calcium, Mangan, Zink, Chrom und Eisen. Kalium ist für den Erhalt des Lebens ausschlaggebend: Es ist an den physiologischen Prozessen in den Zellen beteiligt und wichtig für die Aufrechterhaltung eines normalen Blutdrucks. Die Bambussprossen beinhalten 1,5-mal mehr Kalium als Bananen. Außerdem sind die Sprossen reich an den Vitaminen A, B6 und E. Sie beinhalten auch Aminosäuren und sind daher eine gute Quelle von Antioxidantien mit Wirkung als Radikalfänger.

Rebung oder Bambussprossen sind auch reich an Nahrungsfasern oder Ballaststoffen, circa 2,6 %, also mehr als einige andere Gemüsesorten wie Gurken (0,6 %), Senfkohl (1 %) oder Soja (1,3 %).

Viele Indonesier glauben, dass *Rebung* aus Bambus mit gelben Halmen gegen Hepatitis hilft oder gegen Leberstörungen. Zur Herstellung von Medizin gegen Hepatitis benötigt man sieben Scheiben *Rebung* vom gelben Bambus. Die Scheiben kocht man in drei Gläsern Wasser so lange ein, bis nur noch ein Glas Wasser übrig ist; nach dem Abkühlen wird das Wasser getrunken. Um eine medizinische Wirkung zu erreichen, wird empfohlen, dies dreimal täglich zu wiederholen. Präventiv kann man das Kochwasser vom gelben Bambus einmal alle zwei Wochen trinken, man muss aber daran denken, jedes Mal neue *Rebung*-Scheiben zu kochen.

Neben dem medizinischen Nutzen glaubt man auch, dass Bambussprossen gegen unangenehmen Körper- und Mundgeruch wirken, indem man *Rebung* in einem Gemüse- oder Fleischgericht zu sich nimmt. Außerdem hilft *Rebung*, wenn ein Auto vom Stinkdachs befallen ist. Der beißende Gestank lässt sich nicht durch Waschen beseitigen; am effektivsten ist es, *Rebung* einzustampfen, ihn mit Wasser in einem Eimer zu mischen und die Mischung an die Stelle am Auto zu gießen, an der das Tier seine »Waffe« abgefeuert hat – angeblich verschwindet der Geruch direkt. Und ein Auto ist nicht das einzige, was man auf diese Weise wieder auffrischen kann:

Die gleiche Rezeptur kann man auch auf Kleidung oder Alltagsgegenstände anwenden.

Rebung werden aus dem Boden ausgegraben. Wegen des warmen Klimas kann man sie in Indonesien das ganze Jahr über ernten. Die große Ernte ist während der Regenzeit zwischen Dezember und Februar.

Die Sprossen erntet man, wenn sie circa 20 Zentimeter lang sind und einen Durchmesser von 7–10 Zentimetern haben. Später kann man *Rebung* nicht mehr ernten, weil sie dann Bambus werden und nicht mehr essbar sind. Allerdings werden nicht alle Bambussprossen »erwachsene« Bambuspflanzen; es gibt Sprossen, die zwar noch einige Wochen wachsen, sich dann aber nicht mehr entwickeln und absterben.

Am leichtesten schneidet man *Rebung* mit einer Machete oder einem ähnlichen Werkzeug; wenn es nötig ist, gräbt man die Sprossen zuerst ein bisschen aus. Sie sehen wie ein Kegel aus und sind von mehreren sehr festen, haarigen, dunkelbraunen Blättern eingefasst, die man vor dem Kochen entfernt. Frisch geerntete Bambussprossen haben ein sehr festes, hellgelbes Fleisch. Am besten entfernt man *Rebung* direkt nach der Ernte von den Blättern; wartet man zwei oder drei Tage, ist *Rebung* nicht mehr so lecker und die Fasern werden härter.

Weil die Bambussprossen das Gift Blausäureglykosid enthalten, müssen sie gekocht werden; beim Kochen verdampft die entstehende Blausäure. Die Bitterstoffe, die viele Bambusarten enthalten, werden ebenfalls durch den Kochvorgang zerstört. Es wird empfohlen, die Sprossen 20 Minuten zu kochen. Eine chinesische Studie empfiehlt, um die in Bambussprossen enthaltene Nutrition beim Kochen zu erhalten, sie am besten in der Pfanne zu braten.

Rebung findet man in unterschiedlichen indonesischen Gerichten, beispielsweise in der Frühlingsrolle, die in Deutschland aus der asiatischen Küche sehr bekannt ist. Mittlerweile gibt es auch *Rebung*-Mehl.

Nach Europa werden Bambussprossen vorwiegend aus Asien und Lateinamerika importiert; angebaut werden sie in Europa nur in Italien. Sie werden vorgekocht und abgepackt zum Verkauf angeboten, sowohl im Supermarkt als auch im Discounter.

Wie kocht man am Natürlichsten?

Als »Schmelztiegel der Ethnien« kochen Indonesier mit unterschiedlichen Utensilien, die ursprünglich aus anderen Ländern kommen, zum Beispiel Töpfe, Pfannen und Woks aus Metall. Früher benutzten Indonesier Töpfe aus Ton. Diese Art von Töpfen werden noch in kleinen Dörfern gebraucht.

Was man auch nach Hunderten von Jahren noch

sehr häufig zum Kochen verwendet, ist Bambus. Vor allem in Nordsulawesi und einigen Inselregionen Ostindonesiens wird dieses Zubehör aus der Natur sehr häufig zum Kochen benutzt. Lange bevor die ersten Europäer im 15. Jahrhundert in diese Gegend kamen, gab es einen regen Austausch zwischen den Inseln und Stämmen.

Auf den Inseln der Nordmolukken ist *Nasi Cala*, in Bambus gekochter Reis, ein Muss bei jedem traditionellen Fest. *Nasi Jaha* ist das Pendant von *Nasi Cala* in Nordsulawesi. In beiden Regionen wird Bambus auch für andere Gerichte verwendet. Bambus funktioniert bei diesen Spezialitäten nicht nur als Kochbehälter, sondern auch als zusätzlicher Geschmacks- und Aromaverstärker.

Man nimmt am besten Bambus, deren Glieder circa einen Meter auseinander liegen, ein Ende lässt man offen. Außerdem braucht man Bananenblätter, um den Reis, die übrigen Zutaten und Gewürze einzuwickeln, bevor man sie in den Bambus hineinschiebt. Das offene Ende verschließt man mit gefalteten Bananenblättern. Anschließend wird das Bambusrohr im offenen Feuer gegrillt. Ab und zu muss man es drehen, damit das Essen gleichmäßig gar wird. Aber: Ob im Bambus oder in anderen Behältern gegart – in der indonesischen Küche werden alle Zutaten klein geschnitten.

Experten in diesem Bereich wissen ganz genau,

welche Bananenpflanze am geeignetsten ist, da nicht alle Bananenblätter gleich reißfest und biegsam sind. Und wie in Indonesien üblich, werden die Kenntnisse über Bambus und Bananen von Generation zu Generation mündlich weitergegeben. Genauso wie das Wissen, wann und ob das Gericht im gegrillten Bambus schon fertig ist.

Eine andere ungewöhnliche, aber durchaus auch »natürliche« Art, Reis zu kochen, ist die in Kokosnüssen. Man macht zuerst ein Loch in die Nuss, durch das der gewaschene Reis in die Hülle gefüllt wird. Das Loch wird wieder geschlossen, die Kokosnuss in ein offenes Feuer gelegt und das Ergebnis ist ein sehr leckeres Reisgericht – nur die Kochzeit ist ziemlich lang. Diese Art zu kochen wird manchmal von Naturliebhabern genutzt, die ihr Essen unterwegs auf natürliche Weise zubereiten wollen.

Von Naturliebhabern stammt auch dieser Trick: Reis kochen in Socken. Man füllt den gewaschenen Reis in eine Socke, vergräbt die Socke ungefähr fünf Zentimeter tief im Erdboden und macht auf dieser Stelle ein kleines Feuer; der Reis ist in 30 Minuten gar. Es gibt leider keine Angabe über Aroma und Geschmack.

Indonesier benutzen kein Messer beim Essen. Weil ja alle Zutaten vor dem Kochen klein geschnitten wurden, kann man Löffel und Gabel nutzen. Mancherorts wird mit den Fingern gegessen, aber ausschließlich mit der rechten Hand, weil die linke als unrein gilt. Mit den Fingern zu essen, ist die traditionelle Art, die Nahrung aufzunehmen. Wahrscheinlich gehören aus diesem Grund Suppen und Eintöpfe, wie man sie in Deutschland kennt, nicht zur traditionellen indonesischen Küche.

In Restaurants, oder auch wenn man eingeladen ist, merkt man schnell, ob mit Fingern oder Gabel und Löffel – also quasi westlich – gegessen wird. Wenn man kleine Schalen mit Wasser an jedem Platz sieht, bedeutet das, man isst mit den Fingern. Das Wasser ist nicht zum Trinken gedacht, sondern um die Finger zu reinigen.

In besonders traditionellen Familien sitzt man nicht am Tisch zum Essen, sondern auf dem Boden, auf einem Teppich oder einer Matte. Die ganze Familie sitzt in einem Kreis, die Teller und Schalen mit dem Essen sind in der Mitte des Kreises. In einigen Touristenresorts gibt es Restaurants, in denen man auf dem Boden an niedrigen Tischen, genannt *lesehan*, sitzt. Je nach Lage kann man dabei den Blick auf das Meer oder die umliegenden Berge genießen.

»Sudah makan?« – Für Indonesier ist Essen sehr wichtig, nicht nur für die Gesundheit, sondern auch für das soziale Leben. Wenn man als Gast in einen Privathaushalt kommt, wird man deswegen zur Essenszeit gefragt: »Sudah makan?« – »Schon gegessen?« Auch, wenn man nicht zum Essen eingeladen ist, bittet der Gastgeber trotzdem den Gast zum gemeinsamen Mahl. Es handelt sich dabei um eine Geste der Höflichkeit und Verbundenheit.

Reis, *Maniok* und *Yam* – *Nasi* (gesprochen: nassi) oder »gekochter Reis« ist das Hauptnahrungsmittel der Indonesier. In einigen Gegenden Ostindonesiens lässt sich Reis nicht so leicht anbauen; hier haben deshalb *singkong* (Maniok) und *umbi-umbian* (Yams) traditionell mehr Gewicht.

Sambal – Wenn man traditionell indonesisch kochen will, darf *Sambal* nicht fehlen. Das Sambal ist eine Würzsoße auf Chili-Basis. Das einfachste *Sambal* wird mit frischen Chilischoten zubereitet: Man zerkleinert also zuerst die Chilis in einem Mörser und gibt Gewürze oder auch nur Salz dazu. *Sambal Oelek* (gesprochen: uløk), das man in Deutschland in verschiedenen Asia-Läden findet, gehört zu dieser einfachen Gruppe. Aufwendiger sind *Sambals*, die man in Öl brät. Dazu braucht man Chilischoten und Tomaten, Knoblauch und Zwiebeln. Die Masse wird so lange gebraten, bis sie dickflüssig wird. Dann kann man weitere Zutaten untermischen, beispielsweise getrocknete Garnelen oder Ingwer.

Die Goreng-Variation – Es gibt viele Namen von indonesischen Gerichten, die mit *Goreng* enden, zum Beispiel *Nasi Goreng* (»gebratener Reis«), die man in vielen Asia- oder China-Restaurants in Deutschland findet. Das Attribut *Goreng* heißt »gebraten«, so gibt es auch etwa *Pisang Goreng* (»gebratene Banane«) oder *Ayam Goren* (»gebratenes Huhn«).

***Tempe* (gesprochen: tempeh)** – Tofu (Indonesisch: *Tahu*) ist in Deutschland eher aus anderen asiatischen Ländern bekannt. *Tempe* ist ein traditionelles indonesisches Produkt, das auch aus Soja hergestellt wird, genauer gesagt aus fermentierten Sojabohnen. Um *Tempe* zu machen, benötigt man getrocknete Sojabohnen und Reinkulturen von *Rhizopus oligosporus* oder *Rhizopus oryzae*. In Deutschland ist *Tempe* im Asia-Laden erhältlich oder inzwischen auch in Bio-Läden. *Tempe* kann man kochen, beispielsweise mit Gemüse oder in Scheiben schneiden und mit ein bisschen Salz braten. *Tempe goreng* (»gebratenes Tempe«) mit *Sambal* ist ein besonderer Genuss.

Martabak – Vereinfacht gesagt ist *Martabak* ein Pfannkuchen. Man kann ihn mit süßer Füllung genießen, also mit Schokolade, Zimt, Rohrzucker, Erdnüssen, oder mit einer herzhaften Füllung. Es gibt auch die Variation *martabak goreng*.

Gado-Gado – Dieses Gericht ist besonders geeignet für Vegetarier. Verschiedene Gemüsesorten werden in Wasser mit ein bisschen Salz gekocht. Das Gemüse wird mit scharfer Erdnusssoße, Ei und *Krupuk* auf den Tisch gestellt. Man kann dazu auch *tempe goreng* und *tahu goreng* servieren.

***Sate* (gesprochen: ssateh)** – Die Fleischspieße stehen auch auf der Menüliste einiger China- oder Asia-Restaurants in Deutschland. Traditionell werden die gegrillten Spieße mit scharfer Erdnusssoße gegessen. Dafür kann man unterschiedliches Fleisch verwenden. Die Fleischstücke werden in der Regel gewürzt, bevor sie am Spieß gegrillt werden.

***Kopi Susu* (gesprochen: ssussu)** – Der Name des Getränkes bedeutet »Milchkaffee«. Aber er hat mit dem in Deutschland bekannten Milchkaffee wenig zu tun. Dieses Kaffee-Getränk wird zur Hälfte mit gezuckerter Kondensmilch gereicht. *Kopi susu* ist also in der Regel sehr süß.

Indonesisch Kochen, einfach und interessant!

Nasi Goreng Spesial – *Nasi Goreng* ist das Lieblingsessen vieler Indonesier. Man isst es sowohl zum Frühstück als auch mittags oder am Abend.

Nasi Goreng Spesial (»spezielles Nasi Goreng«) ist lecker und leicht zu kochen. Man darf allerdings der Bezeichnung »speziell« keine besondere Bedeutung beimessen: Sie ist nur ein Teil des Namens. Weil »speziell« bei indonesischen Kochrezepten für jeden Koch oder für jedes Restaurant etwas anderes bedeutet, kann es heißen, dass Eier hinzugefügt werden oder Garnelen oder Erbsen oder … Im Restaurant sollte man fragen, was das Gericht »speziell« macht.

Rezept für vier Portionen

Zutaten
1560 g gekochter Reis
200 g gebratene Garnelen ohne Kopf und Schale
100 g Hühnerbrust, in Würfel schneiden und braten
4 Spiegeleier
Butter zum Braten

Gewürze
2 EL süße Sojasoße
2 EL Tomatensoße
5 Zehen rote Schalotten
2 Chilischoten (ohne Kerne) schräg in Scheiben schneiden (geht auch ohne, wenn man scharfes Essen nicht mag)
3 Knoblauchzehen
1 TL Salz

$^{1}/_{2}$ TL Zucker
$^{1}/_{2}$ TL Garnelenpaste
gebratene Zwiebeln

Zubereitung

- Die Butter erhitzen und die zerriebenen Gewürze dazu geben. Rühren bis es gut riecht.
- Reis, Hühnerbrust und Garnelen dazugeben und rühren, bis alles gut vermischt ist.
- Den Reis vom Feuer nehmen und auf vier Teller verteilen. Die Spiegeleier auf den Reis legen. Das *Nasi Goreng Spesial* ist fertig.

Ayam Rica-Rica – *Ayam Rica-Rica* oder »Huhn Rica-Rica« ist ein typisches Essen aus Nordsulawesi. *Rica-Rica* bedeutet »mit Tomate und Chili«. Es gibt also auch »Ente Rica-Rica« und »Fisch Rica-Rica«.

Dieses scharfe Gericht ist nicht schwer zu kochen, und auch in Deutschland sind die Zutaten leicht zu bekommen.

In Indonesien ist *Ayam Rica-Rica* auch außerhalb der Heimatprovinz bekannt. Man kann es zu verschiedenen Gelegenheiten kochen. Wie die meisten indonesischen Gerichte wird *Ayam Rica-Rica* mit Reis und anderen Gerichten gegessen.

Zutaten
1 (1 kg) Huhn, in vier oder mehr Stücke teilen
1 TL Salz
1–2 EL saurer Limettensaft

Gewürze (alle zerkleinern)
100 g rote Chilischoten
25 g Bird-Eye-Chili (aus dem Asia-Laden)
5 Knoblauchzehen
6 Zehen von roten Schalotten
½ TL Garnelenpaste
3 TL zerkleinerter Ingwer
2–3 Tomaten, klein geschnitten
Öl zum Schmoren

Zubereitung
- Das Huhn in Salz und saurem Limettensaft einlegen und 15 Minuten ziehen lassen.
- Die Gewürze in Öl ansetzen. Danach das Huhn dazugeben und alles vermischen. Alles zusammen kochen, etwas Wasser dazugeben und weiterkochen, bis das Huhn halb gar ist. Vom Feuer nehmen.
- Im vorgewärmten Ofen das Huhn backen. Die Stücke dazu gelegentlich wenden und die gekochten Gewürze dazu geben, bis das Huhn gar ist.

Asinan Buah – Obst isst man häufig erst, nachdem Reis mit Gemüse, Fleisch und Fisch gegessen ist.

Wenn man etwas Besonderes machen möchte, kann man Obst *(buah)* auch als *Asinan Buah* zubereiten, eine Art Fruchtcocktail mit süßem und leicht salzigem *(asin)* Wasser.

Dieser Cocktail ist aber nicht nur als Nachspeise, sondern auch ohne Mahlzeit bekömmlich. Er ist gesund und an heißen Tagen – gekühlt – besonders lecker. Für dieses Rezept benötigt man sechs tropische Früchte, kann aber auch auf anderes Obst zurückgreifen. Experimente sind erlaubt!

Zutaten

1 Yambohne (auch bekannt als Benkuang) kleinschneiden und in Salzwasser einlegen
1/2 Ananas kleinschneiden und in Salzwasser einlegen
10 Javaäpfel halbieren
200 g Salakfrucht, Kerne entfernen und halbieren
1 Mango länglich schneiden
4 Goldpflaumenfrüchte in sechs Stücke teilen

Für die »Soße«

200 ml Wasser
5 rote Chilis
1 El Zucker
2 El Essig
1/2 TL Salz
1 TL *Ebi* (kleine getrocknete Krabben)

Zubereitung

- Goldpflaumenfrüchte, Salakfrucht und Mango für einen Tag in Süßwasser einlegen.
- Chili und *Ebi* mit Zucker und Salz im Mörser zerkleinern, Wasser und Essig dazu geben, danach kochen, gelegentlich umrühren. Wenn die Mischung gar ist, vom Herd nehmen und abkühlen lassen.
- In einer Schale Obst und Soße mischen und etwas ziehen lassen, bis die Früchte den Geschmack der Soße angenommen haben. Dann ist *Asinan Buah* fertig.

Was spricht man auf den Inseln?

Bahasa Indonesia – die Sprache Indonesiens

Der Name der Nationalsprache Indonesiens ist *Bahasa Indonesia*, was wortwörtlich »die Sprache Indonesiens« bedeutet. Als Amtssprache wird sie auch in den Medien, Schulen, Universitäten, von Regierungsinstitutionen, den Mitgliedern der indonesischen Oberschicht und bei vielen offiziellen Gelegenheiten verwendet.

Bahasa Indonesia ist verwandt mit dem Malaysischen. Die meisten Indonesier sprechen die Nationalsprache und zusätzlich dazu eine der 300–700 regionalen oder Stammessprachen. Indonesisch wird vor allem in den großen Städten als erste Sprache gesprochen, in den ländlichen Gegenden ist sie eher die zweite Sprache. Weil Indonesien – gemessen an der Bevölkerungsdichte – das viertgrößte Land der Welt ist, ist Indonesisch eine der meistgesprochenen Sprachen der Welt.

Während die formale *Bahasa Indonesia* in Büchern, Zeitungen und Fernseh- oder Radiosendungen genutzt wird, verwendet man sie – genauso wie in vielen anderen Sprachen – fast gar nicht in der alltäglichen Konversation.

Im Laufe der Jahrhunderte siedelten sich viele Menschen aus anderen Kulturen auf den Inseln, die jetzt zu Indonesien gehören, an. Sie brachten ihre Tradition, Religion, Spezialitäten und Sprachen mit.

Aus dem Sanskrit – Zuerst kamen die indischen Händler. Im Gepäck hatten sie nicht nur die Religionen Hinduismus und Buddhismus, sondern auch die Sprache Sanskrit. Obwohl die meisten Indonesier nicht mehr Hindu oder Buddha sind, betrachtet man Sanskrit, die »Fahrzeugsprache« dieser Religionen, immer noch als elitäre Sprache. Sie ist vergleichbar mit dem Lateinischen in Bezug zu den europäischen Sprachen.

Die Lehnwörter aus dem Sanskrit findet man in vielen Bereichen der jetzigen *Bahasa Indonesia*, vom religiösen bis ins alltägliche Leben hinein. Diese Wörter sind so integriert in den indonesischen Wortschatz, dass sie kaum noch fremd wirken.

Wörter aus dem Sanskrit sind zum Beispiel: *bahasa* (»die Sprache«), *cinta* (»die Liebe«), *raja* (»der König«), *mantra* (»das Mantra«), *Rupiah* (die indonesische Währung)

Aus dem Arabischen – Die meisten Lehnwörter aus dem Arabischen findet man im Bereich der Religion, vor allem den Islam betreffend. Gleich das erste Wort, das man als Tourist in Indonesien hört, stammt aus dem Arabischen: »Willkommen« heißt im Indonesischen: *Selamat datang* (»sicher ankommen«). *Selamat* leitet sich vom Wort *salaam* (»Friede«) ab.

Im Indonesischen bedeutet das Wort *Selamat* aber nicht nur »sicher« oder »unversehrt«, sondern auch »Glückwunsch«. *Selamat pagi* heißt »guten Morgen«, und *selamat ulang tahun* sagt man als Gratulation zum Geburtstag.

Andere Wörter aus dem Arabischen sind zum Beispel *Allah* (»Gott«), *halal* (»erlaubt«, »zulässig«) und *filsafat* (»Philosophie«).

Aus dem Chinesischen – Es gibt viele indonesische Wörter, die ursprünglich aus dem Chinesischen kommen, allerdings nicht aus dem Hochchinesischen, das man auch als »Mandarin« kennt. Die chinesischen Lehnwörter im Indonesischen sind meistens aus dem *Min Nan*, der Sprache der südlichen Fujian-Provinz.

Die meisten Lehnworte findet man im Bereich Kulinarik und Küche, zum Beispiel *lumpia* (»Frühlingsrolle«), *bakmi* (»Nudel«), *tahu* (»Tofu«), *teh* (»Tee«), *kecap* (»Ketchup«) oder *pisau* (»Messer«). Zusammen mit den Bezeichnungen kam selbstverständlich auch das Essen aus China. Man kann sagen, dass das chinesische Essen in ganz Indonesien bekannt ist, auf Java ist der Einfluss der chinesischen Küche wahrscheinlich am größten. Es gibt da keinen Tag ohne Tee, Tofu oder *Bakmi*.

Interessanterweise sind einige chinesische Wörter, die es im Indonesischen gibt, auch im Deutschen zu finden, zum Beispiel »Ketchup«, »Taifun«, »Kuli«, »Sampan« oder auch bekannte Bezeichnungen aus dem Bereich Lifestyle und Sport: »Kungfu«, »Tai Chi«, »Qigong« oder »Feng Shui«. Diese Wörter haben im Deutschen wie im Indonesischen die gleiche Bedeutung.

Aus dem Portugiesischen – Die portugiesische Sprache kam im 16. Jahrhundert zusammen mit den Forschungsreisenden auf die Molukken und die Gegend um den jetzigen Bezirk Malaka. Die Fremden suchten Gewürze, die in Europa sehr teuer waren. Später wurde aus der Suche ein Kolonisierungsversuch mit dem Ziel, den Gewürzmarkt und seine Quellen zu beherrschen.

Die Kolonialherren brachten auch Geistliche vor allem für die eigene seelsorgerische Betreuung mit; schon bald begannen die Priester, der indigenen Bevölkerung die Botschaft des Christentums zu predigen. Dadurch erwuchs eine engere Interaktion zwischen portugiesischer und lokaler Kultur. Heutzutage findet man Lehnwörter aus dem Portugiesischen in vielen Bereichen.

Wie die chinesischen Lehnwörter, gibt es auch portugiesische Wörter, die sowohl im Indonesischen als auch im Deutschen existieren und die gleiche Bedeutung haben, beispielsweise: *arena, armada* oder *aula.*

Indonesisch	Portugiesisch	Deutsch
meja	*mesa*	Tisch
sepatu	*sapato*	Schuh
keju	*queijo*	Käse
Minggu	*domingo*	Sonntag
gereja	*igreja*	Kirche

Aus dem Niederländischen – Die Niederländer kamen um 1600 auf die Inseln, die jetzt die Republlik Indonesien bilden. Sie setzten sich als Kolonialherren durch und vertrieben damit die Portugiesen, die etwa 100 Jahre die dominierende Macht in der Region waren.

Das Niederländische konnte sich aber in Indonesien nicht ganz durchsetzen; in einigen Gegenden blieb der Einfluss des Portugiesischen recht stark. Dass die niederländische Sprache schwieriger zu lernen ist – möglicherweise durch die Aussprache –, ist sicher ein Grund. Außerdem blieben die Niederländer gerne unter sich und öffneten sich nicht oder nur wenig für andere, die ihre Kultur kennenlernen wollten. Durch die 350-jährige Besetzung vieler Gebiete Indonesiens sind einige Wörter niederländischen Ursprungs auch im heutigen *Bahasa Indonesia* zu finden. Dabei sind Parallelen auch mit deutschen und englischen Wörtern feststellbar.

Nieder-ländisch	Deutsch	Englisch	Indonesisch
boek	Buch	book	buku
politie	Polizei	police	polisi
kwaliteit	Qualität	quality	kualitas
corruptie	Korruption	corruption	korupsi
bank	Bank	bank	bank

Einige niederländische Worte werden auch ohne jegliche Änderung noch benutzt wie *ik* (»ich«), *broer* (»Bruder«) oder *aanval* (»Anfall«).

Ist das ein deutsches Wort?

In der heutigen Zeit tauchen auch viele Worte im Deutschen auf, die ursprünglich aus dem Indonesischen oder Malaiischen kommen. Einige sind Eigennamen von Pflanzengattungen oder Tieren, die im indonesischen oder malaiischen Raum beheimatet sind, beispielsweise »Rattan« *(rotan)* oder »Orang Utan« *(orang utan)*.

Einige Wörter sind aus dem Bereich Kultur und Tradition, so etwa »Batik« *(batik)*. Dieses Textilfärbeverfahren stammt ursprünglich aus Indonesien und wurde von anderen Ländern übernommen. Der »Sarong« *(sarung)* ist ein Kleidungsstück, das aus einer zusammengenähten Stoffbahn besteht. Der »Sarong« wird von Männern und Frauen getragen und ist sowohl in Südostasien als auch im südpazifischen Raum weit verbreitet.

Ein Flug durch die indonesische Grammatik

Im Vergleich zu der deutschen Grammatik ist die indonesische recht unkompliziert. Dies kann man am einfachsten am Hauptwort sehen: Das Nomen in *Bahasa Indonesia* hat keinen Artikel, weder bestimmt oder unbestimmt. So gesehen gibt es im Indonesischen kein Genus – außer bei den dem Sanskrit entlehnten Wörtern: die Maskulina haben die Endung »-a«, die Feminina die Endung »-i«. Ein *putera* ist also der Sohn, eine *puteri* die Tochter, *mahasiswa* ist ein Student, *mahasiswi* eine Studentin.

Und um es noch einfacher zu machen, gibt es im Indonesischen keinen Kasus und damit auch keine Adjektivdeklination. *Anjing besar*, beispielsweise, bedeutet der/ein großer Hund:

Kasus	Deutsch	Indonesisch
Nominativ	der große Hund	anjing besar
Genitiv	des großen Hundes	anjing besar
Dativ	dem großen Hund	anjing besar
Akkusativ	den großen Hund	anjing besar

Nicht nur bei den Nomen, auch bei den Verben gibt es nur wenige Regeln. Für die Verbformen existiert kein Tempus; ein Verb hat nur eine Form, und es spielt keine Rolle, ob etwas in der Gegenwart, Vergangenheit oder Zukunft passiert.

Zeitform	Deutsch		Indonesisch	
Präsens	ich gehe	ich mache	pergi	membuat
Präteritum	ich ging	ich machte	pergi	membuat
Perfekt	ich bin gegangen	ich habe gemacht	pergi	membuat
Plusquamp.	ich war gegangen	ich hatte gemacht	pergi	membuat
Futur	ich werde gehen	ich werde machen	pergi	membuat

Um in *Bahasa Indonesia* Vergangenheit oder Zukunft auszudrücken, werden Temporaladverbien benutzt. Zum Beispiel: *kemarin* bedeutet »gestern« und *besok* heißt »morgen«.

Die Verben werden im Indonesischen auch nicht konjugiert; es spielt also keine Rolle, ob es um »ich« oder »sie« oder »wir« geht.

Deutsch		Indonesisch	
ich	gehe	saya/aku	pergi
du	gehst	kamu	pergi
er/sie/es	geht	dia/ia	pergi
wir	gehen	kami/kita	pergi
ihr	geht	kalian	pergi
sie	gehen	mereka	pergi

Und wenn es um »mehrere« geht? Wie bereits erwähnt hat die indonesische Sprache im Vergleich zum Deutschen oder Englischen eine sehr einfache Grammatik. Die Pluralform ist entsprechend auch unkompliziert: Die Pluralform wird gebildet, indem man das Wort wiederholt und einen Bindetrich zwischen die Wörter setzt.

Allerdings haben die Wiederholungen auch ihre »Tücken«, weil nicht alle Wiederholungen die Mehrzahl bilden. Häufig handelt es sich um Eigennamen von Tieren. Zum Beispiel ist *kura-kura* eine »Schildkröte«, *laba-laba* eine »Spinne«, *kupu-kupu* bedeutet »Schmetterling« und ein *ubur-ubur* ist eine »Qualle«.

Es wird dann ein wenig kompliziert, wenn man von diesen Tieren in der Mehrzahl sprechen will. Das

Deutsch	Englisch	Indonesisch
der Tisch	table	meja
die Tische	tables	meja-meja
der Baum	tree	pohon
die Bäume	trees	pohon-pohon
das Auto	car	mobil
die Autos	cars	mobil-mobil
der Löffel	spoon	sendok
die Löffel	spoons	sendok-sendok

Problem lösen Indonesier allerdings auf eine schlaue Weise – sie sagen einfach *dua kura-kura* (»zwei Schildkröten«), *tiga laba-laba* (»drei Spinnen«), *empat kupu-kupu* (»vier Schmetterlinge«) oder *beberapa kura-kura* (»einige Schildkröten«). Das ist möglich, weil die Pluralform in Verbindung mit Zahlen oder mit dem Wort *beberapa* (»einige«, »etliche«) sonst nicht verwendet wird.

Möchten Sie *Bahasa Indonesia* lernen?

Die Grammatik ist wahrscheinlich nicht der schwierigste Teil für alle, die *Bahasa Indonesia* lernen wollen. Man macht vielleicht eher einen Fehler, weil es so einfach ist. Eventuell ist es schwieriger, die Wörter an sich zu lernen – und zwar auswendig zu lernen, weil es oft nicht leicht ist, Eselsbrücken zu finden, gerade wenn es um Worte geht, die ähnlich klingen: *kunci – kucing – kencing* (»Schlüssel« – »Katze« – »Harn«).

Was auch interessant ist

- In Bahasa Indonesia gibt es zwei Worte für »wir«, nämlich *kita* und *kami*. Das Personalpronomen *kita* benutzt man, wenn der Adressat eingeschlossen ist, und *kami* wenn nicht.
- Indonesier haben drei Worte für »Liebe«: *kasih, sayang und cinta. Kasih* kann man sowohl für Gott, Nächstenliebe, Familienmitglieder als auch für den Freund/in oder Partner/in benutzen. *Sayang* kommt häufig vor, wenn man über Familienmitglieder oder Partner/in spricht. *Cinta* benutzt man meistens nur für Partner/in oder Freund/in.
- Indonesien ist ein »Reis-Land«. In Indonesien wird Reis angebaut und auch viel gegessen. So wie Eskimos viele Worte für den »Schnee« haben, gibt es auf Indonesisch viele Worte für »Reis«. *Padi* ist die Pflanze, die man im Reisfeld sieht und erntet. *Gabah* ist das Reiskorn, das vom Stängel getrennt wurde. *Beras* ist der Reis, den man kocht, und *nasi* ist der Reis, der auf dem Teller kommt.

- Um das deutche Wort »Bitte« ins Indonesische zu übersetzen, muss man den Kontext genau wissen. Wenn man um etwas bittet, dann übersetzt man es mit *mohon*. Wenn es sich um eine höfliche Aufforderung handelt, sagt man *Silahkan!*
- Das gleiche gilt für das Wort »Entschuldigung«: Wenn man um Entschuldigung bittet, sagt man *Maaf!* Wenn man etwa darum bittet, vorgelassen zu werden, sagt man *Permisi!*

Was ist schick?

Was bedeutet der lange Daumennagel?

Damit es von vornherein klar ist, reden wir hier nicht um »normale« lange farbige Fingernägel, die Frauen manchmal haben. Er ist eben nur an einem Finger und farblos. Manchmal kann er bis drei oder vier Zentimeter lang sein, und durch die Länge bleibt er nicht gerade, sondern wächst gebogen. Er ist also auch nicht für das Gitarrenspielen gedacht.

Den langen Daumennagel sieht man nicht nur in Indonesien, sondern auch in einigen anderen asiatischen Ländern wie China. Als Variation zum langen Daumennagel gibt es auch Männer, die den Nagel des kleinen Fingers wachsen lassen. Kurios ist, dass man diese Besonderheit nur bei Männern sieht. Und man fragt sich, welche Art von Männern einen langen Daumennagel pflegt. Schließlich kann man mit einem solchem Nagel kaum körperliche Arbeit leisten. Man kann den Daumen nicht einmal nutzen, um die Leertaste auf der Tastatur zu drücken.

Es ist ein Ausdruck von Luxus: Mit dem langen Daumennagel zeigt man, dass man keiner groben oder handwerklichen Tätigkeit nachgehen muss. Man arbeitet also zum Beispiel als Lehrer oder Manager oder Verkäufer. In Indonesien sieht man auch Verkäufer auf dem Markt und Fahrer von öffentlichen Verkehrsmitteln, die einen langen Daumennagel haben.

Den langgewachsenen Fingernagel als Statussymbol anzusehen, ist die eine Sache. Wie andere Leute das interpretieren, ist eine andere. Auch in Indonesien gibt es Menschen, die lange Fingernägel allgemein als ungepflegt betrachten; dabei spielt es keine Rolle, ob es nur um einen Nagel geht oder alle Fingernägel lang sind.

Es gibt allerdings auch Leute, die eine ganz andere Sichtweise auf den langen Daumennagel haben – vor allem junge Mädchen. Sie denken (oder hoffen), der lange Fingernagel eines jungen Mannes, ist ein Zeichen für Geduld, Aufmerksamkeit und Einfühlungsvermögen: Er ist geduldig, weil er bereit ist, so lange zu warten, bis der Nagel lang ist. Er ist aufmerksam und einfühlsam, weil er ja weiß, wie sehr es wehtut, wenn sein langer Fingernagel gegen etwas stößt oder einreißt; er würde also Schmerzen bei anderen nachempfinden können. Außerdem ist der lange Fingernagel bei einem Mann für sie auch ein Zeichen dafür, dass er nicht homosexuell ist. In der Vorstellung der Mädchen kümmert sich ein Homosexueller eher um ein ordentliches Erscheinungsbild und will wohl nicht wie ein Verkäufer auf dem Markt aussehen.

Es gibt auch noch andere Interpretationsansätze

für den langen Fingernagel: Ein langer Daumennagel bedeutet, dass er gerne Obst isst, weil man die Haut von einigen indonesischen Obstsorten am besten mit dem Daumennagel abnehmen kann. Oder ein langer rechter Zeigefingernagel bedeutet, dass der Mann romantisch ist, weil er gerne Gitarre spielt; wenn er wiederum kurz ist, kann der Mann wahrscheinlich keine Gitarre spielen.

Ganz davon abgesehen, ob der lange Nagel schick ist oder nicht, bewirkt er Einschränkungen in den Aktivitäten, sowohl bei der Arbeit als auch in anderen Bereichen wie Sport: Handball, Boxen, Tennis, Badminton kann man unmöglich mit langem Fingernagel spielen. Außerdem ist es mit so einem Fingernagel gar nicht möglich, Handschuhe anzuziehen. Vielleicht sieht man deshalb vorwiegend Männer mit diesem Fingernagel eher in den wärmeren Gegenden der Welt.

Hauptsache: Handy

Ein Nachmittag in einer Ecke im östlichen Teil der Landeshauptstadt Jakarta, der Wohnort von circa zehn Millionen Menschen. In einer Garage ist ein Handy-Laden untergebracht. Zwei junge Frauen bedienen vorn die Kunden, eine ältere Frau, die Chefin, sitzt grimmig schauend am Schreibtisch, weiter hinten. Hier kann man Handys kaufen, nicht alle Modelle, nur die Modelle für Mittelständler und die untere Klasse der Gesellschaft.

Der Laden ist an diesem Nachmittag gut besucht. Es sind einige Kaufwillige, andere wollen nur Beratung, wieder andere wollen eine Handykarte – ich brauche eine SIM-Karte für mein in Deutschland gekauftes Handy. Alle, die sich entschieden haben, warten in einer Schlange auf Ware und Quittung. Alle warten, bereit zu bezahlen, das Geld schon in der Hand.

Dann sehe ich eine dunkelbraune Hand, die ein Handy hält, neben meinem Arm. Ich bewege mich nicht und lasse den Mann mit dem Handy an mir vorbeigehen. Er geht gebeugt, was in Indonesien als Zeichen von Ehrfurcht verstanden wird, aber mit sicherem Schritt direkt auf eine der jungen Frauen hinter der Theke zu und gibt ihr das Handy. Sie guckt ihn überlegend an, während sie das Gerät nimmt und fragt in jakartanischem Dialekt, *»Mau ngecas?«* (»Wollen Sie Ihr Handy aufladen?«). Er nickt.

Wer geht zu einem Handy-Laden, um seinen Handy-Akku aufzuladen, wenn er das auch zu Hause tun kann? Das ist der Punkt: Er hat kein »zu Hause«. Wahrscheinlich ist sein »zu Hause« eine selbstgebaute Baracke aus Kartons, etwas Holz und Plastikplane irgendwo unter einer Brücke oder auf dem

Bürgersteig neben einer hohen Mauer oder einer Mülldeponie. In Jakarta leben viele Menschen auf der Straße. Strom hat man dann nicht, auch keine Steckdose; deswegen muss er im Laden sein Handy aufladen lassen.

Seine Kleidung und sein Aussehen lassen vermuten, dass er ein *Pemulung* ist, frei übersetzt »ein Dreher«. Sie sammeln brauchbare Gegenstände aus Mülltonnen oder Mülldeponien und verkaufen sie. Es gibt *Pemulung*, die spezialisiert sind, alte Plastikflaschen zu sammeln oder alte Zeitungen oder alte Kleidungsstücke. Gesellschaftlich gehören sie in die unterste Klasse – und doch haben viele von ihnen ein Handy.

Diese Handy-Obsession ist überall sichtbar: Man hat kein geregeltes Einkommen und kein Dach über dem Kopf – aber ein Handy. Und Handy-Läden haben vielfältige Angebote. Je nachdem, wo der Laden ist, liegen die teuersten und neuesten Smartphones in der Auslage, wie in den Luxus-Einkaufsgalerien. Die einfacheren, in Indonesien für die »kleinen« Leute produzierten Modelle kann man in Supermärkten oder in kleinen Läden zwischen den Wohnhäusern kaufen. Häufig wird hier auch ein Auflade-Service angeboten, der offensichtlich so preiswert ist, dass auch ein *Pemulung* ihn bezahlen kann. Für fast jedes Bedürfnis gibt es eben das entsprechende Angebot in der großen Stadt Jakarta.

Im Unterschied zu Deutschland gibt es in Indonesien viel mehr Netzanbieter, deren Angebote auf die größere Vielfalt der Handynutzer zugeschnitten sind. Wie üblich gibt es umfangreiche, dafür teure Angebote, aber auch preisgünstigere mit entsprechend weniger Leistung oder Qualität. Außerdem muss man vorher schon daran denken, wohin man mit seiner Karte telefonieren möchte – beispielsweise nur im Inland, nur in der Stadt oder nur auf der Insel, auf der man lebt. Andererseits gibt es entweder keine Verbindung, oder es wird im Nachhinein sehr teuer.

Seit 2014 fördert die Regierung Karten speziell für ärmere Familien: Jedes Familienoberhaupt erhält sowohl eine *Kartu Keluarga Sejahtera* (KKS) und eine Telefonkarte für das Handy der Familie. Das Programm kostet den Staat insgesamt circa eine Milliarde Euro. Dabei entspricht die Telefonnummer der Kontonummer, auf das die Unterstützung vom Staat gezahlt wird. Jede Familie bekommt umgerechnet (nur) circa 20 Euro pro Monat. Zukünftig ist geplant, die Zahlung der Unterstützung über das Handy mit der Kurzwahl *141*6# prüfen zu können.

In den mittleren und hören Gesellschaftsschichten bezeichnet man Handys, Smartphones, Tablets und andere kleine moderne elektronische Apparate häufig mit dem englischen Wort *gadget* (»Gerät«). Wie auch in Deutschland ist es für das Image in bestimmten sozialen Gruppen Indonesiens wichtig, über die neuesten Gadgets und die dazugehörigen Apps zu verfügen – vor allem bei jungen Leuten: Damit gehört man zu einer »Elite«, man kann mitreden.

Gadgets sind aber auch für andere gesellschaftliche Gruppierungen wichtig: »Wenn die neueste Technologie die Arbeit vereinfachen kann und man dabei auch noch gut aussieht – wieso soll man sie nicht nutzen?«, so propagieren Zeitschriften für Frauen und besonders für »Karrierefrauen« die Gadgets. Artikel, Ratgeber und Blogs gehen der Frage nach, warum Gadgets wichtig für die tägliche Arbeit sind oder wie sie eine Frau noch schicker machen können, aber auch wie Gadgets Sucht auslösen können und andere »Weisheiten« zum Thema.

Daher kommt ein Gadget selten allein: Die »richtigen« Apps sind natürlich auch wichtig. Man tauscht Informationen über die coolsten Apps – Spiele, Kommunikation oder Apps, die das tägliche Leben vereinfachen sollen, etwa das Einkaufen.

Damit man endgültig schick mit den neuesten Gadgets aussieht, braucht man natürlich auch die richtigen Accessoires: Täschchen und Hüllen für Smartphone, Tablet oder iPod. Die kann man in speziellen Läden kaufen, natürlich auch online. Wie Kleidung für Menschen, wird die Gadget-»Bekleidung« in Kollektionen und Serien unterschiedlicher Farben, Formen und Größen, mit Knopf oder Reißverschluss und garantiert wasserdicht angeboten.

Neben den Nutzern, die dabei auch schick aussehen wollen, gibt es viele Indonesier, die Gadgets einfach im alltäglichen Leben nutzen, um schnell über das Internet den nächsten Stau zu orten, damit man ihn umfahren kann.

Alle halten Handys und sonstige Gadgets recht offensichtlich für wichtig und wollen sie besitzen – unabhängig davon, in welchen Verhältnissen man lebt. Interessant: Indonesien steht auf Platz fünf der Facebook-Länderliste, einer der meistgenutzten Social Media-Dienste der Welt. Sieht man nur diese Zahl, vergisst man schnell, dass Indonesien nicht zu den klassischen Industrienationen gehört, obwohl das Land sehr reich ist.

Ulos: Ein Tuch als Symbol

Ulos sind traditionelle handgewebte Tücher der Batak, die in Nordsumatra beheimatet sind. Die Tücher werden durch eine Binde-Technik, *Ikat*, hergestellt. Ursprünglich fanden diese Tücher im Alltag Gebrauch als Kleidung oder um kleine Kinder am Körper zu tragen. Seitdem man Textilien aus anderen Gegenden kennt, bekamen die Tücher eine symbolische Bedeutung und werden jetzt bei besonderen Gelegenheiten getragen. Die Person, die ein Ulos trägt, ist auf jeden Fall »jemand«.

Und warum sind die Ulos so besonders? Für die Batak gibt es drei Quellen für Wärme: Sonne, Feuer und Ulos. Wärme ist für sie wichtig, weil sie in den höheren und damit kühleren Gegenden Nordsumatras leben. Die Sonne scheint in der Nacht nicht und das Feuer kann gefährlich sein, wenn man nicht aufpasst. Ulos sind immer greifbar, man kann sie immer verwenden. Der ursprüngliche Glaube sagt, in einem Ulos wohne ein Geist …

Merdi Sihombing, ein populärer Mode-Gestalter, der häufig mit traditionellem Textil arbeitet, erklärt, nicht alle Ulos könnten im Alltag getragen werden, da sie auch die Spiritualität der Batak repräsentierten. So erhielten die Ulos in der weiteren Entwicklung eine »neue« Funktion in der Batak-Gesellschaft: Sie sind Symbol der Tradition geworden und werden in Zeremonien der Batak-Kultur nach strengen Regeln an andere verliehen.

In den traditionellen Riten hat jedes Mitglied der Gemeinschaft einen Status inne: Ein Ulos kann nur von jemandem mit höherem Status an einen anderen mit niedrigerem Status vergeben werden. Im *Adat* (»Gewohnheitsrecht«) der Batak ist die Art von Ulos festgeschrieben, die weitergegeben werden darf. Auf diesem Wege verdeutlichen Ulos den sozialen Status einer Person. Der Verleiher und der Empfänger eines Ulos gehen damit eine Bindung ein.

Bei den Batak gibt es drei zentrale Ereignisse, zu

denen Ulos vergeben oder getragen werden: zur Geburt, der Hochzeit und der Beerdigung. Bei einer Hochzeit findet das Ulos eine besondere Anwendung: Das Brautpaar erhält das Tuch symbolisch für Glück- und Segenswünsche geschenkt. Einen besonderen Moment stellt das Umlegen des Tuches dar: Traditionell erfolgt die eigentliche Eheschließung durch das Einwickeln des Brautpaares in ein Ulos, das *ragi hotang* genannt wird. Außerdem erhält bei einer Hochzeit die Mutter des Bräutigams ein Ulos vom Vater der Braut, um die neu entstandene verwandtschaftliche Beziehung hervorzuheben.

Wie ein Ulos hergestellt wird, betont die Bedeutung des Tuches und damit auch die der es tragenden Person. Die Maße sind im *Adat* festgelegt, außerdem weitere Ge- und Verbote, die gelten, während jemand ein Ulos webt. Ein Beispiel: Ein Weber darf sein Dorf nicht mit einem halbfertigen Ulos verlassen, geschweige denn, es woanders zu Ende weben. Wird dieses Gebot missachtet, verschwindet der Geist aus dem Ulos.

Was ist schön?

Will man über »schöner« oder »weniger schön« sprechen, muss man bedenken, dass es dafür keine allgemeine Regel gibt. Genauso ist es natürlich auch in Indonesien: Auf den tropischen Inseln liegt die Schönheit ebenfalls im Auge des Betrachters. Es gibt aber bestimmte »Variationen«, die eine Mehrheit aus unterschiedlichen Gründen bevorzugt. Um diese Variationen geht es im Folgenden.

Ist »weiß« schön?

Eins ist klar: Wenn Indonesier über »weiße« Haut sprechen, meinen sie nicht dasselbe Weiß, wie das von Europäern. »Weiß« ist nur das Wort, das man benutzt; gemeint ist damit aber einfach »hell« und nicht »dunkel«. Allerdings gilt auch hier wieder: Was der eine als »hell« ansieht, ist für den anderen schon (zu) »dunkel«. In Indonesien gibt es unterschiedliche Farbschattierungen; um diese Abstufung klarer ausdrücken zu können, müsste man eigentlich Vergleiche machen. Aber das macht natürlich keiner. Jeder benutzt das Wort »weiß«, um etwas zu benennen, was man als schöne Hautfarbe empfindet.

Selbstverständlich gibt es auch Indonesier, die sich nichts aus (ihrer) Hautfarbe machen – und diejenigen, die dunkle oder noch dunklere Farbtöne bevorzugen.

Warum hält man »weiß« oder »hell« für schöner? Man verbindet die dunklere Haut mit harter und grober Arbeit: Menschen, die in der prallen (tropischen) Sonne arbeiten, haben dunkle Haut. Außerdem gehören sie meistens zur unteren Gesellschaftsschicht. Auf diesem Hintergrund ist hellere Haut das erklärte Schönheitsideal.

Diese tief sitzende Haltung verleitet häufig dazu, nicht mehr zu realisieren, dass es Menschen gibt, die von Natur aus eine dunkle Hautfarbe haben. Oder dass beispielsweise Männer und Frauen als Architekten, Geologen, Förster oder Archäologen auch draußen arbeiten, obwohl sie durch ihre Ausbildung nicht zur einer niederen Gesellschaftsklasse zählen.

Meistens wollen Frauen schöne Haut haben, oft auch helle Haut. Vor allem Frauenzeitschriften geben Tipps: Manche empfehlen teure Hautcremes oder *Bodylotions*, andere raten, die Haut mit natürlichen Mitteln heller zu machen. Es wird dabei immer betont, die natürliche Art sei überhaupt nicht kompliziert, man müsse nur wissen, wie man es »richtig« macht, nämlich mit den – angeblich – alten, geheimen Schönheitsrezepten. Die Leserinnen sollten sich vielleicht fragen, wie lange die Schönheitsrezepte wohl geheim bleiben, wenn sie im Internet veröffentlicht sind.

Beginnen solle man immer mit der wichtigsten Partie: der Gesichtshaut. Danach könne man auch versuchen, andere Körperregionen wie Hände und Füße aufzuhellen, die in der Regel nicht von Kleidung bedeckt sind.

Einige Ratgeber empfehlen zur Hautaufhellung unter anderem Joghurt, der ja auch gut für den Feuchtigkeitshaushalt der Haut ist. Man benutzt ihn als Maske, lässt ihn zehn Minuten trocknen und reinigt die Haut danach mit Wasser.

Für die Maske kann man Joghurt mit Honig mischen. Honig ist ein natürliches Produkt, das man in der Schönheitspflege verwendet, um Pickel und kleine Infektionen zu heilen oder um müde Haut aufzufrischen. Außerdem versorgt Honig die Haut mit natürlichen Inhaltsstoffen und spendet Feuchtigkeit, so dass die Haut sich sanft anfühlt und sich nicht so leicht entzündet.

Für die Mischung – etwa für Gesicht und Hals – benötigt man zwei Esslöffel Joghurt, zwei Esslöffel Honig und einen sanften Pinsel. Bevor man die Maske auf die Haut aufträgt, sollte man das Gesicht und den Hals mit warmem Wasser reinigen und trocknen. Einen Teil der Joghurt-Honig-Kur trägt man mit dem Pinsel auf die gereinigte Haut auf, spart dabei den Augen- und Mundbereich aus.

Anschließend massiert man das Gesicht sanft mit den Fingern mit kreisenden Bewegungen von innen nach außen. Dies wiederholt man einige Male. Anschließend trägt man den Rest der Maske auf die Haut auf und lässt sie 15 bis 20 Minuten einwirken. Danach spült man die Haut mit Wasser.

Reste der Joghurt-Honig-Mischung kann man noch etwa zwei Wochen im Kühlschrank aufbewahren. Um eine maximale Wirkung zu erreichen, sollte man diese Kur etwa einmal in der Woche anwenden.

Neben Joghurt kann man auch Obst verwenden, etwa Tomaten und Limetten. Eine Tomate wird dafür zerkleinert und eine Limette gepresst. Die zerkleinerte Tomate wird dann mit drei Tropfen Limetten und etwas Rosenwasser gemischt. Diese Mischung trägt man auf die Haut auf und lässt sie 15 Minuten einwirken. Anschließend spült man die Haut mit kaltem Wasser.

Eine andere Alternative als natürlicher Hautaufheller ist eine Maske aus Joghurt, Avocado und Yambohne (auch Benkuang genannt). Avocado spendet der Haut Feuchtigkeit, und Yambohne und Joghurt machen die Haut heller. Außerdem hilft Joghurt, dunkle Hautflecken aufzuhellen.

Es ist natürlich komisch, wenn die Haut des Gesichts heller als die Haut vom Rest des Körpers ist. Deshalb gibt es auch Tipps, wie man sie mit natürlichen Mitteln aufhellen kann. Verwendung finden dabei fast die gleichen Zutaten, die man zur Gesichtsaufhellung nutzt.

Man presst eine Limette und mischt Wasser mit einem Eiweiß; benötigt man eine größere Menge der Mischung, verdoppelt man einfach die Zutaten. Diese Mischung verteilt man auf dem ganzen Körper, am besten mit einem Pinsel. Nach 15 Minuten wäscht man sich.

Die Avocado ist vor allem gut für die Haut, weil sie Feuchtigkeit spendet. In diesem Fall nutzt man nicht das Fruchtfleisch, sondern die Haut: Man reibt die innere Seite der Avocadoschale an der Körperhaut, lässt es 15 Minuten wirken und wäscht sich anschließend.

Yambohne kann man auch benutzen, um die Körperhaut heller zu machen: Man zerkleinert Yambohnen und verwendet diese Masse als Maske für den ganzen Körper. Nach zehn bis 15 Minuten wäscht man sich.

Ein anderes natürliches Mittel ist Milch, genauer gesagt frische Kuhmilch. Damit die Pflege nicht so teuer wird, kann man ein sauberes Tuch mit Milch anfeuchten und sich dann den Körper damit einreiben, bis er heller wird.

Indonesier haben – wie alle andere Asiaten auch – schwarze Haare. Stimmt das? Und was passiert, wenn sie älter werden? Natürlich werden auch bei Indonesiern die Haare im Alter – oder genetisch bedingt auch schon vorher – grau oder weiß.

Für diese Menschen ist es wahrscheinlich besonders schlimm, keine schwarzen Haare zu haben, weil diese Farbe dem Schönheitsideal vieler Indonesier entspricht. Dichte, gesunde, glänzende Haare sind für viele ein Plus im Aussehen; vor allem Frauen möchten oft dichte schwarze Haare haben. Deshalb kommt es vor, dass ältere Personen mit grauen oder weißen Haaren ihre Haare schwarz färben. Dadurch passen aber die schwarzen Haare manchmal nicht mehr zum sonstigen Aussehen.

Wie bei anderen Dingen, die die Schönheit betreffen, gibt es in Indonesien zahlreiche Ratgeber, wie man schöne Haare bekommt, sie pflegen oder färben kann. Und neben den modernen Produkten für Haare gibt es auch wieder Tipps aus der Natur oder der Tradition.

Zuerst sollte man, so empfehlen es die Ratgeber, herausfinden, warum man weiße Haare bekommt. So kommt es, dass viele Magazine mit Tipps anfangen, wie man das Ergrauen verhindern kann. So solle man mit seinen Haaren so wenige Verschönerungsmaßnahmen wie möglich unternehmen, weil dadurch die Gefahr größer wird, dass das Haar kaputt geht: Sowohl die Haare künstlich kraus zu machen *(curly)*, als auch die Haare zu glätten *(smoothing)*, sei schädlich. Außerdem solle man die Haare vor zu viel ultravioletter Strahlung durch die Sonne, aber auch vor Umweltverschmutzung schützen.

Dann sei die richtige Pflege wichtig: Das Haarwaschmittel muss zum Haartyp und zur Haarkondition passen. Wer eine chronische Kopfhautkrankheit hat, sollte bei der Behandlung Wege finden, die Haare so gesund wie möglich zu erhalten.

Wie man auf traditionelle, natürliche Weise seine Haare färbt, ist in vielen Ratgebern mehr oder weniger gleich beschrieben: Alle betonen, dass man es selbst zu Hause machen könne und es gar nicht schwierig sei, wenn man es konsequent und regelmäßig mache, um das maximale Ergebnis zu erreichen.

Viele Indonesier glauben, die Körperpflege auf natürliche Weise ist die bessere Art, weil man Komponenten nutzt, die die Natur zur Verfügung stellt. Außerdem vertraut man der traditionellen Art, weil sie schon viele Jahrzehnte, teilweise Jahrhunderte erfolgreich praktiziert wurde. Ob dabei für jeden das gleiche Resultat erreicht wird, ist eine andere Frage. Die Haare werden wohl bei dieser Art zu färben nicht kaputt gehen. Allerdings wird auch betont, dass ein gesunder Lebensstil natürlich glänzende Haare begünstigen kann.

***Lidah Buaya* oder Aloe Vera** – Aloe Vera, in Indonesien als *Lidah Buaya* (»Krokodilzungen«) bekannt, ist ein bekanntes Haarpflegemittel. Man benutzt sie nicht nur, um Haare auf natürliche Weise schwarz zu färben, sondern auch gegen Haarausfall.

Man nimmt ein Blatt und entfernt die Haut vom Blatt. Mit der Flüssigkeit, die aus dem Blatt tropft, bearbeitet man die Haare. Um Lidah Buaya gegen Haarausfall zu verwenden, trägt man die Flüssigkeit auf die Kopfhaut auf.

Teeblätter – Neben Aloe Vera kann man auch Teeblätter nutzen. Diese Alternative ist besonders gut für Leute die (nur) wenige graue oder weiße Haare haben. Tee ist dafür geeignet, weil die Blätter natürliche Substanzen beinhalten, die das Wachstum von neuen Hautzellen fördern. Letztlich fördert eine gesunde Kopfhaut das Wachstum gesunder Haare.

Um das beste Ergebnis zu erzielen, wird schwarzer Tee empfohlen; die Catechine im Schwarztee begünstigen das Färben der Haare. Für mehr Glanz kann man zum Tee auch einige Jasmin-Blütenblätter mischen.

Für das Färben lässt man einen Esslöffel Schwarztee in warmem Wasser über Nacht ziehen; je nach Wunsch oder Bedarf fügt man drei Jasmin-Blütenblätter hinzu. Am nächsten Morgen trägt man die

Mischung auf die Haare bis zur Kopfhaut auf und massiert anschließend die Kopfhaut in sanft kreisenden Bewegungen. Danach deckt man die Haare mit einem Handtuch ab; nach 30–60 Minuten kann man die Haare waschen.

Wenn man diese Prozedur zwei- oder dreimal pro Woche wiederholt, sieht man angeblich bereits nach einem Monat, dass die Haare dunkler sind; das maximale Ergebnis sieht man bei regelmäßiger Anwendung nach zwei Monaten.

Hibiskus – Hibiskus ist eine andere Pflanze, die sich zum Haarefärben eignet. Die Blüten dieser Pflanze sind besonders geeignet, um stumpfen Haaren wieder Glanz zu verleihen. Dafür nimmt man fünf Hibiskus-Blüten und legt sie in Wasser ein. Nach einer Weile nimmt man sie aus dem Wasser, zerstampft sie und mischt sie mit einem Löffel Honig. Diese Masse nutzt man dann als Maske für die Haare. Wenn man die Maske mindestens einmal in der Woche anwendet, werden die Haare wieder schwarz glänzend.

Wie bei allen traditionellen Schönheitstipps kann man nicht sagen, wo ihr Ursprung liegt; überliefert sind sie mündlich. Dass der Hibiskus helfen kann, Haare schwarz zu färben, kann man vielleicht auch aus seinem Namen ablesen. Die Pflanze heißt *Kembang Sepatu* auf *Bahasa Indonesia*, Deutsch: »Schuhblume«. Sie hat diesen Namen, weil man sie tatsächlich verwenden kann, um Schuhe schwarz zu färben.

Kaffee – Genauso wie Tee beinhaltet Kaffee Antioxidantien, die dafür sorgen, dass Kaffee das Wachstum neuer, stärkerer Haarzellen fördert. Der Glaube, dass Haare dunkler werden, wenn man sie regelmäßig mit Kaffee behandelt, ist weit verbreitet. Für das beste Ergebnis soll man keinen löslichen Kaffee, sondern *kopi tubruk* (*kopi* – »Kaffee«, *tubruk* – »stoßen«) verwenden. Für *Kopi tubruk* übergießt man grob gemahlenes Kaffee-Pulver (und Zucker) mit heißem Wasser. Vor dem Genuss wartet man, bis sich das Kaffeepulver gesetzt hat.

Zum Haarefärben nimmt man einen Esslöffel Kaffee, gießt ihn mit heißem Wasser auf lässt ihn anschließend 20 Minuten ziehen, bis sich der Kaffeesatz gesetzt hat. Nun trägt man den Kaffee auf die Kopfhaut auf, massiert sie sanft in kreisenden Bewegungen etwa zehn Minuten lang und deckt den Kopf anschließend mit einem Handtuch ab. Nach 30–60 Minuten spült man die Haare. Zwei- bis dreimal pro Woche angewendet, sind nach einem Monat erste Unterschiede zu erkennen; das beste Ergebnis zeigt sich nach zwei Monaten.

Kemirinüsse – Die Kerne des Lichtnussbaums, auch bekannt als Kemirinuss oder Kerzennuss, findet man häufig in der indonesischen Küche. Auch auf die Haarfarbe haben *Kemiri* eine besondere Wirkung, weil sie Saponine, Flavonoide und Polyphenole beinhalten.

Um die Haare mit Kemiri zu färben, röstet man drei Kemirikerne in einer Pfanne ohne Öl, bis das Öl aus den Kernen heraustritt. Nachdem dieses Kemiriöl abgekühlt ist, trägt man es auf die Haare auf und massiert sie leicht, bis es schäumt. Anschließend deckt man die Haare mit einem Handtuch ab und wäscht sie nach 30–60 Minuten. Die Kemiri-Haarkur, zwei- bis dreimal in der Woche angewendet, liefert nach etwa zwei Monaten erste sichtbare Ergebnisse.

***Merang* oder Reisstroh** – In Indonesien isst man viel Reis, doch finden von der Reispflanze nicht nur die Kerne Verwendung, sondern auch die trockenen Reisstängel, *Merang* genannt. Mit Merang werden Tiere gefüttert oder auch Pilze gezüchtet. Außerdem kennt man in Indonesien schon lange die besonderen Auswirkungen von Stroh auf die Haarfarbe.

Wieviel Merang man braucht, hängt von der Haarlänge ab. Man verbrennt die Reisstängel, vermengt die Asche mit klarem und Limetten-Wasser und lässt dieses Gemisch über Nacht stehen. Das geklärte Wasser nutzt man dann zum Haarewaschen. Es wird geraten, diese Methode dreimal pro Woche zu wiederholen.

Urang Aring – *Urang Aring* (Latein: *Eclipta alba*) ist eine Pflanzenart, die in tropischen Regionen heimisch ist. Diese Pflanze findet sich auch in vielen ayurvedischen Kräutermischungen; sie soll wundheilungsfördernd und anregend wirken. In Indonesien benutzt man Urang Aring vor allem für die Haarpflege, weil sie nicht nur kühlend auf die Kopfhaut wirkt, sondern auch die Haarwurzeln stärkt und dem Ergrauen der Haare entgegenwirkt.

Dafür nimmt man ein paar Blätter, zerreibt sie, bis Flüssigkeit heraustritt, und mischt diese dann mit etwas Wasser. Die Mischung trägt man auf die Haare auf, wartet fünf bis zehn Minuten und wäscht sie danach wie gewohnt. Verwendet man Urang Aring regelmäßig, werden die Haare dicht und schwarz. Diese natürliche Art des Haarfärbens wird angeblich schon seit hunderten von Jahren erprobt.

Was ist angebracht?

Einladen mit »Tradition«

Verwandte, entfernte Verwandte und Freunde einzuladen, wenn man etwas feiert, hat in Indonesien lange Tradition. Allerdings wird nicht genau festgelegt, welche Personen eingeladen sind: Oft schreibt man nur den Familiennamen, was dann bedeutet, dass alle, die zu dieser Familie gehören, eingeladen sind. Außerdem kann die eingeladene Familie jemanden mitbringen, der nicht direkt oder noch nicht Mitglied der Familie ist, wie Nichten oder Neffen oder auch die Freundin des Sohnes.

Selbst, wenn auf der Einladung nur ein Name steht, geht der Einladende davon aus, dass die oder der Eingeladene nicht alleine kommt. Er oder sie kann durchaus mit einer weiteren Person kommen – oder auch zu dritt oder zu viert. Gerade bei großen Feiern wie Hochzeiten kann deshalb die Anzahl der Gäste bis zum Zwei- oder Dreifachen der geladenen Personen anwachsen – vor allem, wenn die einladende Familie bekannt ist oder eine hohe Position in der Politik hat.

Manchmal laden auch jüngere Geschwister ihre Freunde ein, wenn die älteren heiraten. Deshalb ist bei einer großen Feier manchmal nicht ganz klar, in welcher Beziehung ein Gast zum Einladenden steht. Das ist eben ein ungeschriebenes Gesetz in Indonesien – und es hält sich jeder daran, denn die einladende Person oder Familie geht fest davon aus, dass mehr Gäste als eingeladen kommen, und plant entsprechend.

Die umgekehrte Situation passiert auch manchmal: Die eingeladene Person weiß nicht so genau, warum sie eine Einladung bekommt: Beispielsweise ist es in Indonesien üblich, neue Nachbarn einzuladen. Eine große Feier bedeutet eben nicht nur das Zusammensein von Familie und Freunden, sondern ist auch eine Gelegenheit, neue Leute willkommen zu heißen und in die Gemeinschaft aufzunehmen. Und so kann es manchmal zu einer kleinen Verwirrung kommen.

Das besagte »ungeschriebene Gesetz« ist so ungenau, dass jeder im Grunde selbst interpretieren kann, wen er einladen oder wen er nicht einladen muss. Oft ist dabei Feingefühl gefragt – und manchmal auch starke Nerven, wenn jemand beleidigt ist, weil er oder sie nicht eingeladen wurde.

Noch eine Besonderheit in diesem Zusammenhang: Der Einladende erbittet keine Rückmeldung vom Eingeladenen; so etwas tut man nicht. Man geht immer davon aus, dass der Eingeladene die Einladung auch annimmt.

Bei solch schwer zu kalkulierenden Feiern muss man trotzdem sicher gehen, dass alle Gäste ausreichend Essen bekommen. Und was ist, wenn am Ende noch Essen übrig ist? Gäste können die Reste der Feier mit nach Hause nehmen, wenn sie möchten. Bei kleineren Feiern ist es eine gute Tradition, den Gästen das restliche Essen zum Mitnehmen anzubieten. Die Höflichkeit gebietet es, manchmal bereitet der Gastgeber auch im Vorfeld schon kleine Plastiktüten vor, damit die Gäste ohne Schwierigkeiten Essen einpacken können.

Was ist, wenn ein Gast kein Essen einpacken möchte? Das wird in der Regel akzeptiert. Nur, wenn der Gastgeber wirklich viel zu viel Essen hat, bittet er die Gäste inständig, doch etwas mitzunehmen. Zu große Essensreste am Ende einer Feier sind nicht nur ein Beweis der Unkalkulierbarkeit, sondern auch ein Zeichen dafür, dass weniger Gäste als eingeladen da waren. Oder, dass der Einladende vielleicht doch nicht so beliebt ist, wie er glaubte.

Eine Einladung, die keine ist

Es gibt auch Arten von »Einladungen«, die mit einer Feier gar nichts zu tun haben. Was in Deutschland als »Einladung« gilt, wenn zwei Personen zusammen essen, die eine Person bezahlt, während die andere eingeladen ist, fällt in Indonesien nicht in die Rubrik »Einladen«, sondern *Mentraktir*; dazu weiter unten mehr.

Man lädt in Indonesien manchmal Leute zum Essen ein, obwohl man nichts zu feiern hat. Man tut das, weil es höflich ist. Beispielsweise, wenn man selbst essen möchte, während noch Gäste da sind. In Indonesien melden sich Gäste nicht an, bevor sie kommen; vor allem nicht, wenn es sich um Familie, Verwandte oder Freunde handelt. Man geht einfach hin und wird immer empfangen. So kann es vorkommen, dass ein Gast gerade dann eintrifft, wenn die Familie gerade essen möchte. In diesem Fall lädt der Besuchte den Gast höflicherweise zum Essen ein. Man bereitet allerdings nichts Besonderes vor, sondern teilt das, was auf dem Tisch steht, mit dem Gast. Häufig gehen die Besucher aber, sobald sie merken, dass der Gastgeber zu Tisch möchte.

Ist diese Aufforderung der Gäste zum Mitessen ernst gemeint oder pure Höflichkeit? Das muss man in der jeweiligen Situation entscheiden. Im Zweifelsfall wünscht man einfach »Guten Appetit!« und geht.

Reine Höflichkeit und keine echte Aufforderung zum Essen zeigt eine andere Situation, etwa im Büro oder wenn man zufälligerweise mit Bekannten im gleichen Raum zusammen ist. Will man selbst essen, die anderen aber nicht, sagt man trotzdem: »*Ayo makan!*« (»Komm Essen!«), obwohl man nicht vorhat, sein Essen mit den anderen zu teilen. Die anderen verstehen die Höflichkeit und antworten freundlich: »*Silahkan!*« (»Bitte!«).

Diese Aufforderung auszusprechen ist wichtig beziehungsweise höflich, weil für Indonesier das gemeinsame Essen eine zentrale soziale Funktion einnimmt; es handelt sich um einen Ausdruck der Freundschaft. Wenn man isst und andere nicht miteinbezieht, ist es so, als wäre man nicht mehr befreundet. Die höfliche Aufforderung zum gemeinsamen Essen ist also ein Zeichen dafür, dass das gegenseitige Verhältnis gut ist.

Diese Arten von »Einladungen« werden natürlich mündlich und kurzfristig mitgeteilt. Die Einladung mündlich zu übermitteln ist auch die traditionelle indonesische Weise. Einladungskarten zu versenden, ist die Folge westlicher Einflüsse, die die Gesellschaft Indonesiens im Laufe der letzen Jahrzehnte übernommen hat; heutzutage werden also auch in Indonesien Einladungskarten verschickt oder abgegeben. Für viele ist diese Weise einfach praktischer. Vor allem, wenn man in Jakarta lebt und durch die von Autos verstopften Straßen fahren muss, ist es einfacher, nur einmal zur Post zu fahren – und so kann man auch Verwandte einladen, die weiter weg oder in einer anderen Stadt wohnen.

Für Indonesier ist es traditionell aber üblich, den anderen persönlich einzuladen, indem man ihn besucht und die Einladung mündlich mitteilt. Manchmal ist das Einladen sogar mit festem Ritual und mit Regeln verbunden. So unterschiedlich, wie die Sprachen und Kulturen sind, genauso unterschiedlich sind auch die Bräuche in den Regionen Indonesiens, wenn es um das Einladen geht.

Manyiriah – Einladung mit Betelpfeffer

Im westlichen Teil Indonesiens, in Westsumatra, etwa bei den Orang Minangkabau (»Minangkabau-Leute«) gibt es die *Manyiriah*-Tradition. Das Wort *Manyiriah* wird vom Namen der Pflanze Sirih, die in Deutschland als »Betelpfeffer« bekannt ist, abgeleitet. Die Blätter dieser Pflanze werden als Medikament und manchmal auch in Zigaretten für den Menthol-Geschmack verwendet – zum Sirih später mehr.

Wenn eine Familie feiern möchte, werden beim Manyiriah die Einladungs-Aufgaben zwischen Männern und Frauen aufgeteilt: Männer laden nur männliche Verwandte und Freunde ein, Frauen nur die weiblichen. Es ist nicht erlaubt, dass Männer Frauen einladen oder umgekehrt. Es kann also passieren, dass die zwei Gruppen sich erst im Haus der Verwandten treffen.

Zum Manyiriah bringen die Frauen Sirih-Blätter

mit Gambir-Blättern und Pinang-Kernen (»Betelnüsse«), die auch als Medizin und Gerbstoff benutzt werden, zu den Eingeladenen mit. Männer brachten früher (möglichst selbstgedrehte) Zigaretten aus Zuckerpalm- und Tabakblättern mit; heute haben moderne Marken-Zigaretten Einzug gehalten. In der Manyiriah-Tradition nehmen die Verwandten, die besucht werden, eine Zigarette und ein Sirih-Blatt als Zeichen dafür, dass sie den Besuch akzeptieren; erst danach erhalten sie die mündliche Einladung zur Feier.

Die einladenden Männer und Frauen müssen dabei die nächsten Familienmitglieder sein, etwa die Brüder und Schwestern des Brautpaares oder dessen Onkel und Tanten. Zum Manyiriah tragen Frauen ihre übliche Tracht, also ein *Baju Kurung* (lange, gerade geschnittene Bluse) mit *Sarong* und einem Tuch auf einer Schulter. Sie nehmen normalerweise auch einen Korb für die Sirih-Blätter mit. Die Männer tragen Hemd und lange Hose mit gefaltetem Sarong, der um die Schultern gelegt ist, und einem *Peci*, die traditionelle Männerkappe aus Stoff, normalerweise aus schwarzem Samt.

Beim Manyiriah muss man außerdem auf die Etikette achten: Trifft man die Eingeladenen nicht zu Hause an, darf man nicht einfach eine Nachricht hinterlassen; man muss sicher gehen, dass ein direktes Familienmitglied die Nachricht annimmt und weitergeben wird. Begegnet man dem Verwandten auf dem Weg zu seinem Haus, erklärt man, auf auf dem Weg zu ihm zu sein, und fragt, ob er die Einladung direkt annimmt. Akzeptiert der Eingeladene, übermittelt man die Einladung.

Manyiriah ist natürlich sehr aufwendig, wenn man alle Eingeladenen auf diese Weise kontaktieren muss. Deshalb laden selbst die Padang heutzutage nur noch die engsten Verwandten so ein, während Freunde die Einladung postalisch erhalten. Bei engen Verwandten ist es jedoch unhöflich, sie nicht persönlich und mündlich einzuladen, und sie würden deshalb wahrscheinlich nicht zu der Feier kommen.

Obwohl diese Tradition sehr unpraktisch ist, ist sie vor allem in der heutigen, modernen Zeit, in der alles scheinbar sehr schnell gehen muss und so auch schnell wieder vorbei ist, sinnvoll. Durch den Manyiriah-Besuch bei den Verwandten werden familiäre und soziale Kontakte wieder aufgefrischt.

Die mit Mehrwert verbundenen Einladungen

Natürlich werden in vielen Teilen Indonesiens Einladungskarten verwendet. Allerdings gibt es in einigen Gegenden eine neue Tradition, zum Beispiel in Majalengka in Westjava: Hier hat eine Einladung nicht die Kartenform, sondern sie nutzt Gegenstände, beispielsweise ein Päckchen Streichhölzer, eine kleine Tüte Kaffee oder auch Seife.

Diese neue Einladungsform hat einen einfachen Hintergrund: Man möchte nicht Einladungen aus Papier versenden, weil das Papier danach keinen Nutzen mehr hat und weggeworfen wird, während Streichhölzer in der Küche gebraucht werden, Kaffee getrunken und auch Seife benutzt wird. Allerdings bekommen diese Art von Einladungen nur (Haus)-Frauen; Männer und Jugendliche erhalten weiterhin Karten aus Papier.

Allerdings mehren sich die Stimmen, die die »Einladung mit Mehrwert« stärker verbreitet sehen wollen. Vor allem, wenn man bedenkt, dass die neue Form nicht viel mehr kostet, als die übliche Karte. Der Druck von Einladungen auf Streichholzschachteln kostet sogar weniger als eine herkömmliche Karte; Kaffeetüten und Seifenverpackungen zu bedrucken, liegt allerdings viermal so hoch.

Pemamanen – eingeladen zum »Helfen«

Weiter nördlich auf der Insel Sumatra lebt die Volksgruppe Alas in der Gegend Südostaceh. Wie auch bei den anderen Gruppierungen sind für die Alas Familie und Verwandte sehr wichtig. Bei Feierlichkeiten wie einer Hochzeit sind die Familienbande besonders zentral. Bei den Alas gibt es die Tradition, eine Gruppe von Leuten vor allem einzuladen, um dem Gastgeber gegen Verpflegung zu »helfen«. Diese Tradition heißt Pemamanen, und sie existierte schon vor der Kolonialzeit.

Beim Pemamanen kommen der Bruder der Mutter und seine Verwandten als geladene Gäste zur Feier. Die Größe der Gruppe ist unterschiedlich, manchmal umfasst sie das ganze Dorf, und so kommt manchen diese Tradition wie eine allgemeine Essensvergabe vor. Aber diese »Helfer« sind Ehrengäste. Sie »helfen« meistens in Form von finanzieller Unterstützung oder mit Sachspenden.

Eine besondere Tradition innerhalb des Pemamanen gibt es in Kutacane, der Hauptstadt von Südostaceh. Hier gibt jeder aus der eingeladenen Gruppe dem Gastgeber Geld und Zuckerrohr. Der Name *Kutacane* ist ursprünglich aus zwei Wörtern: *Kuta* bedeutet »Stadt«, und *Cane* ist ein niederländisches Wort, das »Zuckerrohr« bedeutet. Es ist also nicht verwunderlich, dass man in der Stadt Zuckerrohr verschenkt, wenn man zum Pemamanen eingeladen wird.

Allgemein gilt: Je höher der Wert ihrer Hilfe ist, umso größer ist die Hochachtung vor ihren Gästen und umso mehr fühlen sich die Gastgeber respektiert. Diese Tradition hat das Motto *Besar wali karena malu, besar malu karena wali* oder »Der Vormund ist groß wegen der Gastgeberin, und die Gastgeberin ist groß wegen des Vormunds«. Für die Alas ist die Pemamanen-Einladung ein Teil des Zusammenlebens und der Gemeinschaft.

Eine ähnliche Tradition des gegenseitigen Helfens gibt es auch auf der Insel Sumbawa in Ostindonesien. Hier wird die Tradition *Tokal Adat* genannt; das Ziel ist, die einladende Familie finanziell zu unterstützen. Wenn eine Familie etwas feiern möchte, etwa Hochzeit oder Beschneidung, werden alle Leute im Ort eingeladen, normalerweise ins Haus der Familie. Bei diesem Treffen sprechen die Dorfältesten und der Organisator der Feier, und am Ende beten alle zusammen. Während der Pause werden Spenden gesammelt. Der Leiter der *Tokal Adat* notiert die Summe, die der Gastgeber bekommt. Zukünftig muss er mindestens die gleiche Summe spenden, wenn andere in der Gemeinde etwas feiern.

Pecotan – Einladung oder Peitsche?

Gegenseitiges Helfen in allen Ehren – aber sind alle Menschen eigentlich mit diesem System zufrieden? Fühlt man sich nicht eher gezwungen, etwas zu tun, wenn man »eingeladen« ist? Wenn sich alle beteiligen und fair behandelt fühlen, sind wahrscheinlich auch die meisten recht zufrieden.

Das heißt aber nicht, dass man sich unbedingt freuen muss, zu einer Feier eingeladen zu werden. In Probolinggo in Ostjava wird die Tradition des Einladens Pecotan genannt; das Wort bedeutet im Deutschen »Peitsche«. Es gibt einige Gründe, warum diese Tradition so heißt. Der erste Grund: Man fühlt sich gezwungen, zu einer Feier zu gehen, zu der man eingeladen ist. Dies ist der Fall, wenn man mit dem Einladenden kein gutes Verhältnis hat oder wenn man sich einfach nicht so gut kennt.

Der zweite Grund für das Wort »Peitsche« hat etwas mit lokalem traditionellem Bullenwettrennen zu tun: Damit die Bullen schnell rennen, werden sie gepeitscht. Das heißt aber nicht, dass die Eingeladenen mit Bullen oder anderen Tieren verglichen werden; nur ist die Peitsche einfach mit einem gewissen Zwang verbunden.

Außerdem ist es auch Tradition, dass man Geld als Geschenk gibt. Allerdings nur, wenn der Einladende in der Vergangenheit dem Eingeladenen ebenfalls Geld geschenkt hat. Allerdings gibt es, trotz des Gefühls »ausgepeitscht« zu sein, keine Verpflichtung zu der Feier zu gehen: Auch, wenn man schon einmal ein Geldgeschenk erhielt, nimmt der Einladende es einem nicht übel, wenn man seine Einladung nicht annimmt.

So wie in Majalengka wird bei Pecotan auch keine Einladungskarte verschickt. Die Frauen bekommen ihre Einladung in Form einer Seife und die Männer erhalten Zigaretten. Dieses Modell wird in Probolinggo auch gewählt, weil man auf die ökonomischen Aspekte einer Einladung achtet. Wenn man allerdings seine Einladung in Form eines kleinen Geschenks bekommt, ist es vielleicht tatsächlich schwieriger, nicht zur Feier zu gehen.

Mentraktir – ein Dilemma

Mentraktir entspricht in etwa dem, was man in Deutschland umgangssprachlich »ausgeben« zwischen Freunden oder Kollegen nennt. Man muss aber dazu sagen, dass Indonesier oft genug privat und dienstlich nicht trennen, so dass Kollegen häufig auch Freunde sind.

Mentraktir praktiziert man beispielsweise an seinem Geburtstag. In einem solchen Fall geht man gemeinsam zum Mittagessen in die Kantine oder in das kleine Restaurant in der Nähe des Büros. Während in Deutschland jemand, der »einladen« möchte, manchmal nur die Getränke oder das Essen bezahlt, ist es in Indonesien eher üblich, alles zu übernehmen.

Außerdem gibt es eine andere Möglichkeit, den Kollegen oder Freunden »einen auszugeben«: Am Geburtstag nimmt man einen Kuchen, Donuts oder andere Kleinigkeiten mit ins Büro. Das kostet nicht so viel wie ein Mittagessen.

Oft genug wird das Mentraktir aber nicht vorher geplant. Es kann sein, wenn man im Büro eine gute Nachricht bekommt, lädt man aus Freude und Dankbarkeit alle ein. Wenn es allerdings schon Gewohnheiten gibt, kommt die Idee des Einladens oft nicht von der betroffenen Person selbst, sondern von jemandem, der eingeladen werden möchte.

In der heutigen Zeit gibt es scheinbar immer häufiger Gründe, warum man aufgefordert wird, andere einzuladen. Manchmal sind sie ziemlich absurd, beispielsweise: man kommt von einer Dienstreise zurück, man erhält eine Auszeichnung, man hat eine neue Freundin oder die Katze bekommt Nachwuchs. Wenn das jemand im Büro mitbekommt, rufen alle: »*Asiiik …! Traktir!*«, was ungefähr bedeutet: »Hurraaa! Einen ausgeben!« Nach dieser eindeutigen (aber auch einseitigen) Aufforderung gibt es tatsächlich meistens eine Einladung – entweder weil man wirklich feiern möchte, oder weil man nur freundlich sein will. Oft hat man auch keine andere Wahl.

Ist so eine Aufforderung, eingeladen zu werden, noch normal? Das muss wahrscheinlich jeder selbst entscheiden. Der Psychologe Frederick Dermawan Purba MPsi. beispielsweise ist der Meinung, dass es von der Person, die eingeladen werden möchte, abhängt: Hat sie den anderen unterstützt, um die Auszeichnung oder eine höhere Position zu bekommen, ist es verständlich, dass sie belohnt werden will. Dabei macht aber der Ton die Musik: Am besten verpackt man den Wunsch mit einem Lächeln und lässt ihn klingen wie einen Witz. Bleibt die erhoffte Reaktion aus, sollte man nicht darauf bestehen.

Jemanden in kleinerem Rahmen einzuladen, wie etwa beim Mentraktir, gehört zum gesellschaftlichen Leben dazu, sofern es freiwillig geschieht. Der Einladende kann dabei nur nach seinen eigenen finanziellen Möglichkeiten gehen. Ist der Preis zu hoch, sollte man es mit seinem süßesten Lächeln ablehnen. Indonesier verstehen das sicher.

Und sonst kann man auch mit Ausreden versuchen, aus der »Klemme« zu kommen: Man kann ganz ehrlich sagen, dass man kein Geld hat. Oder man kann so tun, als ob man sein Portemonnaie zu Hause vergessen hätte. Dann kann man das eigene Essen zwar auch nicht bezahlen, aber es findet sich bestimmt jemand, der das Essen mitbezahlen wird; beim nächsten Mal kann man sich dann revanchieren.

Wie besucht man, wie empfängt man Besuch richtig?

In Indonesien sind Familien und Freunde wichtig. Deshalb kann man Familien und Freunde besuchen ohne sich vorher anzumelden, auch wenn der Alltag durch Arbeit, Hobbys und andere Aktivitäten strukturiert ist. Auch ohne Termin wird man freundlich empfangen.

Diese Verhaltensweisen lernt man schon als kleines Kind von den Eltern – von Ausnahmen einmal abgesehen. Vor einem Besuch kurz anrufen, um zu erfahren, ob jemand zu Hause ist, bevor man vor der verschlossenen Tür steht, ist gerade in Jakarta, wo man oft sehr lange Zeit braucht, um von einem Ort zum nächsten zu gelangen, sicher sinnvoll.

In indonesischen Häusern ist ein Gast immer Ehrengast. Das bedeutet: Die Gastgeber empfangen ihn immer freundlich und höflich. Allerdings sind gute Freunde und Verwandte für Indonesier keine Gäste. Als Gast (Indonesisch *Tamu*) wird nur jemand bezeichnet, zu dem man keine engere freundschaftliche oder verwandtschaftliche Beziehung hat.

Normalerweise, wenn der Gast eben kein guter Freund oder Verwandter der Familie ist, wird er gebeten, zusammen mit den Gastgebern an einem bestimmten Platz zu sitzen. Während man sich miteinander unterhält, werden Getränke zum Tisch gebracht, manchmal auch Kleinigkeiten wie Kekse.

All dies geschieht automatisch, weil es Teil der Höflichkeit ist. Gelegentlich wird der Gast auch gefragt, was er trinken möchte. Wenn Getränke und Kuchen auf dem Tisch stehen, muss der Gast jedoch auf ein Zeichen des Gastgebers warten, bevor er etwas nimmt. Deshalb kann es passieren, dass ein Gast das Haus ohne zu trinken verlässt, wenn der Gastgeber vergisst, »Silahkan!« – »Bitte!« zu sagen.

In der Regel führt das Familienoberhaupt, also der Mann, mit dem Gast eine Unterhaltung; die Frau übernimmt diese Rolle, wenn der Mann nicht im Haus ist. Während des Gesprächs bringt die Frau (oder ein anderes Familienmitglied) die Getränke. Ob sich die Frau am Gespräch beteiligt oder nicht, hängt mit den regionalen oder Familientraditionen zusammen; die jüngeren Generationen sind da häufig aufgeschlossener.

Ein Gästeraum ist kein Gästezimmer

Auf Indonesisch könnte man »Gästezimmer« als *Kamar Tamu* oder *Ruang Tamu* übersetzen. Allerdings hat fast jeder in Indonesien ein Kamar Tamu, aber kein »Gästezimmer«: Die beiden Begriffe haben unterschiedliche Bedeutungen. Ein Kamar Tamu ist ein Empfangsraum für Gäste, kein Übernachtungszimmer. Wenn also kein Gast im Haus ist, wird der Raum nicht genutzt. Ein spezielles Gästeschlafzimmer hat man in der Regel nicht; es sei denn, man wohnt in einem großen Haus und hat ungenutzte Räume.

Ein Kamar oder Ruang Tamu ist normalerweise der Raum ganz vorn im Haus, den man zuerst betritt. Man steht also in der Regel nicht in einem Flur, wenn man in ein indonesisches Haus hineinkommt. Ein Gast bleibt in diesem Raum; er hat keinen Zutritt zu den anderen Zimmern im Haus, wenn der Gastgeber es nicht speziell erlaubt oder ihn einlädt.

Darf der Gast denn die Toilette benutzen? Das ist eine Ausnahme: Wenn man keine Gästetoilette hat, wird dem Gast natürlich erlaubt, die Toilette aufzusuchen. Andererseits bleiben Gäste in der Regel nicht so lang im Haus, dass sie eine Toilette brauchten. Während man in Deutschland häufig den Gästen das Haus mit einigem Stolz zeigt, haben Gäste in Indonesien meistens nur bei einer (Einweihungs-)Feier Zugang zu den anderen Räumen.

Was man in Deutschland Wohnzimmer nennt, heißt in Indonesien *Ruang Keluarga* (Deutsch »Familienraum«). Dem Namen entsprechend lebt in dem Raum die Familie. Hier wird Fernsehen geguckt, sich unterhalten, gespielt, manchmal auch gegessen und so weiter. Hier haben Gäste normalerweise keinen

Zutritt; allerdings sind die neueren Häuser und mehr noch die Wohnungen durch die begrenzte Fläche nicht mehr so groß, so dass eine Kombination von Ruang Tamu und Ruang Keluarga sinnvoll erscheint.

Woher kommt eigentlich die Gewohnheit, einen speziellen Raum zu haben, in dem man Gäste empfängt? Durch das tropische Klima ist es für Indonesier üblich, eine Terrasse als angenehm belüfteten Ort für den Gästeempfang zu haben. Andere führen diese Tradition darauf zurück, dass es früher keine Elektrizität gab und es im Haus dunkler war als draußen. Das Leben, auch der Familie, spielt sich insgesamt eher draußen ab. Und vorne, im »Raum ohne Wände«, oder auf der Terrasse empfing man die Gäste.

Diese Gewohnheit wurde bis in die heute modernen Häuser übertragen. Tatsächlich haben traditionelle Häuser in vielen Gegenden Indonesiens eine überdachte Terrasse. Sogar viele traditionelle Stelzen-Häuser haben vorn einen »Raum ohne Wände«. Andererseits ist Indonesien so bunt und traditionsreich, dass man auch dies nicht so einfach verallgemeinern kann.

Auf der Terrasse, die unterschiedlich benannt ist, werden oft Gäste empfangen, zum Beispiel in den länglichen Stelzenhäusern *Rumah Betang* (»Betang-Haus«), den traditionellen Familienhäusern der Dayak in einigen Gegenden Kalimantans. Die Länge eines Rumah Betang kann bis 120 Meter betragen und von 22 Familien (etwa 88 Personen) bewohnt sein. Die vordere Seite ist von einem Ende zum anderen offen. Dieser Raum, genannt *Ruai*, wird für Familientreffen genutzt oder um Gäste zu empfangen, die nach der Tradition wichtige Personen sind.

Wo empfängt man andere Gäste? Männliche Gäste kann man im offenen Raum begrüßen, weibliche Gäste werden eher in die geschlossenen kleineren Räumen hinter dem Ruai geführt.

In anderen Teilen Indonesiens ist die Terrasse nicht der richtige Ort, um Gäste zu empfangen. Beispielsweise die Stelzenhäuser *Walewangko*, die traditionellen Häuser in Minahasa, Nordsulawesi: In diesen Häusern sind mehrere Räume für Gäste vorgesehen. Über die Treppe gelangt man zu der Terrasse, genannt *Lesar*, wo auch die Haustür ist. Früher stand da der Dorfälteste oder das Stammesoberhaupt, wenn er zum Volk sprechen wollte. Gäste empfängt man im zweiten Raum, der *Sekey*, direkt hinter der Haustür. Hier werden Gäste empfangen, auch zum Essen. Hier ist auch der Raum für traditionelle Zeremonien und andere feierliche Veranstaltungen.

Verwandte empfängt man in einem anderen Raum mitten im Haus, im *Pores*. Das ist auch der Raum, in dem man weibliche Gäste empfängt. Eine ähnliche Tradition kann man auch in Rumah Lamin, in Ostkalimantan, sehen.

Tamiang – Besuchen und Empfangen entsprechend der Religion

Obwohl es Unterschiede gibt, sind Ähnlichkeiten zwischen den Traditionen in Indonesien auch zu finden. Einige Gewohnheiten existieren auch durchaus wegen der Mehrheitsreligion in der Gegend. Gegenseitiger Besuch ist für die Tamiang – genauso wie für die anderen ethnischen Gruppen und Stämme Indonesiens – wichtig und ein Teil des Zusammenlebens. Die Tamiang, die in Nordsumatra beheimatet sind, sollen dies auch tun, weil es im Koran empfohlen wird.

Besuche sind für sie auch Möglichkeiten, Nachbarn, Freunde oder die Familie kennenzulernen und engeren Kontakt zu pflegen. Sie werden in drei Arten unterschieden: *Menjenguk, Tukam* und *Nupus*. Jede dieser Arten hat ihre eigenen Bräuche.

Menjenguk – Das Wort *Menjenguk* gibt es nicht nur in der Lokalsprache der Tamiang, sondern auch in *Bahasa Indonesia*. Die Bedeutung ist »besuchen«, aber der Grund für einen Besuch ist sehr unterschiedlich. In Bahasa Indonesia wird Menjenguk nur benutzt für Leute, die sich schon kennen.

In der Tamiang-Tradition bedeutet Menjenguk, jemanden zu besuchen, den man noch nicht kennt, mit dem Ziel, ihn kennenzulernen, oder wegen einer bestimmten Sache, die nur der Besuchte weiß. Wenn man sich als Bekannte oder Verwandte besucht, dann möchte man damit den Kontakt pflegen.

Im Allgemeinen kann man bei der Tamiang zu Besuch kommen, ohne sich vorher anzumelden. Deshalb kann der Gast selbst bestimmen, wann es ihm passt. Allerdings entspricht es der Gewohnheit, am Nachmittag Besuche zu machen – und zwar nach zwei Gebetszeiten, Ashar und Maghrib. Nach der Lehre der Islam soll man fünfmal am Tag beten. Ashar und Maghrib sind zwei Gebetszeiten, die auf den Nachmittag fallen. Ashar ist gegen 15 Uhr, und Maghrib gegen 18 Uhr. Für die Tamiang ist es ein Tabu, während der Gebetszeiten Besuch zu empfangen, vor allem in der Maghrib-Zeit. Ein Besuch zu dieser Zeit wird als Störung betrachtet, weil der Gastgeber eventuell gerade betet.

In der Tamiang-Tradition, wie in vielen Gegenden und Häusern, in denen der Islam eine große Rolle spielt, ruft der Besucher oder Gast: »*as-salāmu 'alaikum*«, arabisch für »Frieden auf Euch!«, beim Eintritt in das Haus. Danach antwortet jemand aus dem Haus: »*wa-'alaikum salā m*« – »Und auf Euch Frieden!« Wenn niemand antwortet, ist eventuell keiner zu Hause. Die Haustür aufzumachen, ist die Aufgabe aller Familienmitglieder; obwohl es nicht verboten ist, macht dennoch die Hausfrau selten die Tür für Gäste auf – vor allem nicht, für Gäste, die die Familie nicht kennt.

Kommt ein Gast, weil er über Angelegenheiten sprechen möchte, die mit Brauchtum oder Gesellschaft zu tun haben, meldet er sich über eine Kontaktperson vorher an. Geht es speziell ums Heiraten, zum Beispiel konkrete Absprachen zu Datum und Uhrzeit, die Einladung oder die Gästeliste, meldet man den Besuch über einen Telangke an, die Person, die für Hochzeitsangelegenheiten zuständig ist. Andererseits ist natürlich die moderne Technologie auch bei den Tamiang angekommen: ein Telefonat ersetzt mittlerweile oft die Kontaktperson.

Ein Gast, der mit der Familie keine verwandtschaftliche Beziehung hat, wartet in der Regel auf der Terrasse, bevor er ins Haus und auf einen bestimmten Sitzplatz gebeten wird. Erst, wenn er sitzt, wird der Zweck seines Besuchs erfragt. Ein Gast, zu dem die Familie engen Kontakt hat, wird anders empfangen. Zum einen kommen Verwandte nicht durch die Haustür, sondern durch die Tür an der Seite des Hauses oder sie gehen direkt zur Küchentür, also zum hinteren Eingang. Gute Freunde ohne verwandtschaftliche Beziehung zur Familie können diesen Eingang auch nutzen.

Früher werden Besucher gebeten, auf dem *Tikar*, einer traditionellen handgewebten Matte aus *Pandan (Pandanus amaryllifolius)* oder Sumpfgras, oder auf dem Teppich zu sitzen. Der Tikar liegt im im Ruang Tamu (»Gästeraum«) im vorderen Raum des Hauses.

In den Dörfern werden Tikar und Teppich noch heute als Sitzplatz für Gäste genutzt, wobei das keine spezifische Tamiang-Tradition ist; die Verwendung von Tikar findet man auch in anderen Gegenden Indonesiens.

Wie überall gehört es bei den Tamiang zur Gastfreundschaft, eine Kleinigkeiten zu essen und zu trinken oder auch Sirih-Blätter anzubieten. Ursprünglich drehte man aus den Blättern seine eigenen Zigaretten. Üblicherweise serviert die Tochter des Hauses Getränke und Kuchen; gibt es kein Mädchen, müssen andere Familienmitglieder das übernehmen.

Indem man dem Gast Essen serviert, zeigt man Respekt vor ihm. Während man sich unterhält, nimmt man nur eine Kleinigkeit zu sich; zur Hauptessenszeit wird der Gast gebeten, mitzuessen. Bei normalem Besuch wird nicht speziell gekocht, sondern gegessen, was da ist. Kommen allerdings die Eltern oder andere Respektspersonen, kocht man etwas Besonderes. Das Essen, also gekochter Reis mit Fleisch und Gemüse, wird auf großen Tellern auf der Matte serviert. Tikar für Gäste haben eine viereckige Form, *Ciau* genannt. Wenn ein Ehrengast im Haus ist, werden mehrere Ciau aufeinander gelegt – wieder ein Respektsbeweis. Außerdem wird das Essen dann auf einem *Dalung* serviert. Ein Dalung ist eine Gerätschaft aus Holz und sieht wie eine große Servierplatte mit Fuß aus. Sobald das Essen aufgetischt ist, bittet das Familienoberhaupt, das in der Regel nicht weit vom Gast entfernt sitzt, den Gast, mit dem Essen anzufangen.

Wie der Gastgeber auf die Tradition achten muss, ist auch der Gast zu bestimmten Gewohnheiten verpflichtet. Es ist bei den Tamiang nämlich üblich, als Gast etwas mitzubringen. Ein *Buah Tangan* (»Obst aus der Hand«) oder ein anderes Mitbringsel ist eigentlich keine Pflicht, wenn man aber bewirtet wird, schämt man sich, nichts mitgebracht zu haben. Was man mitbringt, hängt von der Beziehung zum Gastgeber ab, und was der Gast sich leisten kann. Allerdings gibt es eine ungeschriebene Vereinbarung: Wenn man jemanden besucht, der älter ist, ist es besser Zucker, Kaffee, Obst, selbstgekochtes Essen oder etwas aus dem eigenen Garten mitzubringen; vor allem Selbstgekochtes oder etwas aus dem eigenen Garten drückt Respekt aus.

Tukam – *Tukam* heißt der Besuch, eine Einzelperson oder eine Familie zu besuchen, die gerade ein Unglück erfuhr, beispielswesise wenn ein Familienmitglied verstorben ist. Im Islam gibt es mit dem Tahlilan ein Zusammentreffen, um für den Verstorbenen zu beten, vom ersten bis zum siebten Tag nach seinem Tod beziehungsweise auch in den Tagen danach in bestimmten Abständen. Tukam nennt man den Besuch vor dem ersten Tahlilan.

Dem Tukam geht in der Regel die Nachricht vom

Tod voraus, die von Mund zu Mund oder in der Moschee weitergegeben wird. Die Gäste werden von den Verwandten des Verstorbenen begrüßt und können auf dem Tikar im Haus oder auf Stühlen draußen im Garten sitzen. Wenn ein Kind der Familie verstorben ist, sitzt die Mutter im Familienraum im Haus und der Vater draußen. Ist die Mutter tot, helfen die erwachsenen Kinder, den Leichnam der Mutter für das Begräbnis vorzubereiten, und der Vater sitzt draußen. Wenn der Vater stirbt, sitzt die Mutter mit den kleineren Kindern im Familienraum, während die erwachsenen Kinder den Leichnam des Vaters für das Begräbnis vorbereiten.

In der Regel sitzen männliche Gäste mit dem Mann draußen, und weibliche Gäste sitzen im Haus auf dem Tikar. Nach einer Weile können die Gäste wieder gehen oder die Familie zum Begräbnis begleiten. Sowohl im Haus als auch draußen im Garten gibt es Wannen oder Teller mit ungekochtem Reis. Der Tradition entsprechend werden Gäste gebeten, Geld in den Reis zu stecken, oder es der Frau zu geben. Auch der Mann erhält Geld oder man hilft ihm bei der Vorbereitung des Begräbnisses.

Am Tag nach dem Begräbnis gibt es wiederum ein Tahlilan. Die Gäste werden mit Kleinigkeiten und Getränken auf dem Tikar empfangen. Weibliche Gäste kommen in der Regel nach Ashar, der Gebetszeit gegen 15 Uhr, während männliche Gäste erst nach

Maghrib, also gegen 18 Uhr, kommen. Im Allgemeinen verabredeten sich Gäste, um zusammen das Haus von Verstorbenen zu besuchen.

Nupus – *Nupus* nennt man den Besuch bei einer Familie, die gerade ein Kind bekommt. Bei der Gelegenheit bringt man gutes und gesundes Essen auf einem Dalung, der großen Servierplatte mit Fuß, mit. Kurz nach der Geburt werden nur nahe Verwandte als Besucherinnen der Mutter vorgelassen. Alle anderen Besucher müssen eine Woche warten.

Wenn das Baby 44 Tage alt ist, veranstaltet man ein *Kenduri*, ein Fest, mit dem man sich für die Gesundheit des Kindes bedankt. Man schneidet sein Haar, wenn es schon welches hat, und gibt ihm seinen Namen. Zu dieser Feier sind auch Nachbarn eingeladen.

Sasak – andere Gegenden, ähnliche Sitten

Viele Gewohnheiten, die die Tamiang haben, findet man auch in anderen Landesteilen, beispielsweise bei den Sasak, die auf der Insel Lombok leben. Obwohl die Sasak-Kultur stark von der hindu-balinesischen Kultur von der benachbarten Insel beeinflusst ist, sind die meisten Sasak nicht Hindus sondern Muslime. Allerdings ist ihr Glaube mit Aspekten aus dem

Hinduismus, Buddhismus und altem Aberglauben vermischt. Man nennt ihn *Waktu Telu*.

Die Sasak praktizieren das fünfmalige Beten am Tag, und auch bei ihnen ist es üblich, nach den islamischen Gebetszeiten Ashar (gegen 15 Uhr) und Maghrib (gegen 18 Uhr) jemanden zu besuchen. Ansonsten ist es auch hier unüblich, sich für *Betemue* – so wird ein Besuch bei den Sasak genannt – anzumelden. Ein Gast grüßt seinen Gastgeber mit dem arabischen Grußwort *as-salāmu 'alaikum* (»Frieden auf Euch!«) und der Gastgeber antwortet *wa-'alaikum salām* (»Und auf Euch Frieden!«).

Viele Sasak leben noch in kleinen Dörfern in ihren winzigen traditionellen Häusern aus Holz und *Gedek*, das sind Wände aus dünn gespaltetem, geflochtenem Bambus; das Dach ist aus Elefantengras *(Pennisetum purpureum)*. Viele Häuser haben zusätzlich noch eine Art kleines Stelzenhäuschen ohne Wände speziell für Gäste, *Berugak* genannt. Ein Berugak ist in der Regel nur zweimal zweieinhalb Meter groß, das Dach ist aus Elefantengras, der Boden aus Holz. Die Höhe des Bodens beträgt 50–60 Zentimeter und ist gleichzeitig der Sitzplatz – Gäste und Gastgeber sitzen zusammen im Schneidersitz. Wenn ein *Berugak* vier Pfähle hat, heißt es *Sekempat*, aber *Sekenem*, wenn es auf sechs Pfählen steht. *Sekenem* ist üblicherweise fünfmal dreieinhalb Meter groß und wird auch für größere Feiern genutzt.

Wenn man zu Besuch kommt und zum Essen eingeladen wird, muss man darauf achten, auf die Aufforderung des Gastgebers zu warten, bevor man anfängt zu essen. Wie in vielen Gegenden Indonesiens wird oft mit der Hand gegessen und nicht mit Besteck; es gibt auch kein Anlegebesteck, um das Essen auf den eigenen Teller zu legen. Das ist weiterhin Tradition in vielen Teilen Indonesiens – die mittlerweile aus gesundheitlichen Gründen hinterfragt wird; so wird schon häufiger Besteck benutzt.

Vor allem als Gast sollte man darauf achten, nur die rechte Hand zu benutzen. Da man die linke Hand als schlecht und schmutzig ansieht, isst man nur mit der rechten Hand.

Wenn man mit dem Essen fertig ist, sollte man nicht einfach die Hand waschen. Es ist besser, auf die anderen zu warten und in der Zeit vielleicht Kleinigkeiten wie Nüsse essen.

Potong Pantan – eine spezielle Tradition für spezielle Gäste

Viele Stämme und ethnische Gruppen in Indonesien haben spezielle Rituale und Feierlichkeiten, um ehrenvolle Gäste zu empfangen. Auch heutzutage werden diese Zeremonien noch gefeiert, sind aber nicht selten zur Touristenattraktion geworden.

Die Insel Kalimantan, die international als Borneo bekannt ist, hat viele einzigartige Traditionen, unter anderem Potong Pantan oder Tetek Pantan, die symbolträchtige Zeremonie der Dayak Ngaju, Gäste zu empfangen. Dayak Ngaju ist einer der Dayak-Stämme, die Ureinwohner Kalimantans. Dayak Ngaju leben vor allem in der Provinz Zentralkalimantan. In ihrer Sprache bedeutet *Tetek Pantan* das »Schneiden« oder »Durchtrennen« *(Potong/Tetek)* des »Hindernisses« *(Pantan)*. Obwohl es manchmal nichts mit »schneiden« oder »durchtrennen« zu tun hat, ist *Tetek* oder *Potong Pantan* die populäre Bezeichnung für die Zeremonie.

Das Motto »Der Gast ist König« gilt immer noch bei den Dayak Ngaju. Wenn ein Gast ins Dorf kommt, wird er mit einem bestimmten Ritual von allen begrüßt – von den Dorfältesten bis zu den Kindern.

Tetek Pantan wurde schon von den Vorfahren praktiziert und vom Mund zu Mund den jüngeren Generationen bis heute weitergegeben. Für diese Zeremonie baut man ein symbolisches Tor aus geflochtenen jungen großen Palmblättern, genannt *Janur*, und Blumen auf. Am Tor wird ein grüner Bambus horizontal angebracht; der Gast wird dann gebeten, mit einem *Mandau*, einem traditionellen Schwert, den Bambus durchzutrennen. Traditionelle Musik und Gesang in der *Sangian*-Sprache begleiten die Zeremonie. Sangian ist die Sprache, die

die Dayak Ngaju für die Kommunikation mit den Geistern nutzen.

Bei dem Ritual stellen die Dorfältesten dem Gast einige Fragen: Wie heißen Sie? Woher kommen Sie? Warum sind Sie hier? Alle Fragen müssen beantwortet werden. Jedes Mal wenn eine Frage beantwortet wird, schlägt der Gast mit dem Schwert auf den Bambus. Er darf erst hereinkommen, wenn alle Fragen beantwortet sind und der Bambus durchtrennt ist.

Diese Tradition zeigt die Offenheit der Dayak: Sie akzeptieren alle, die in ihre Gegend kommen, solange sie gute Absichten haben. Für sie ist der Zweck der Zeremonie, alles Schlechte für Einwohner und Gäste zu vermeiden. Nach dem Glauben der Dayak Ngaju können sie den Gast aufnehmen und unterstützen, so lange er bleibt, wenn er den Bambus ohne große Schwierigkeiten durchtrennt. Schneidet er den Bambus nur mit großen Mühen, muss man die Absichten seines Besuches im Land noch einmal hinterfragen.

Sobald der Bambus durchtrennt ist, schreien alle, klatschen in die Hände und sind fröhlich, weil das Hindernis überwunden ist. Die Musik wird lauter, was den Höhepunkt des Tetek Pantan-Rituals markiert. Danach wird das Gesicht des Gastes mit Pulver geweißt oder Kokosnussöl über seinen Kopf gegossen.

Die Zeremonie wird mit traditionellen Tänzen und Musik zu Ehren des Gastes weitergeführt. Beim Gästeempfang opfern die Dayak ein Tier, um die Geister der Vorfahren zu ehren. Dieses Ritual wird von einem Priester geleitet, der auch Gebete in der Sangiang-Sprache spricht. Die gleiche Zeremonie wird durchgeführt, wenn der Gast den Ort verlässt.

Potong Pantan oder Tetek Pantan hat zwei Bedeutungen: Es ist Ausdruck des Stolzes und der Freude. Es ist aber auch ein Ritual, um Vorurteile, schlechte Gefühle, Albträume und andere Hindernisse zu überwinden. Deshalb glauben die Dayak Ngaju, dass ihre Gäste vom Schöpfer des Universums geschützt oder von Gott mit Gesundheit, langem Leben, viel Glück und Erfolg gesegnet sind.

Man kann das Wort Pantan in der Sprache der Dayak Ngaju auch als »hindernden Baum« oder »hölzerne Hürde« verstehen. Diese Art von Hindernis benutzt man vor allem, um offizielle Gäste aus anderen Gegenden willkommen zu heißen. Dafür benutzt man Hölzer von etwa zehn Zentimetern Durchmesser und drei Metern Länge. Wie die Geschichte zeigt, verwendeten die Dayak Ngaju nicht immer nur Bambus als Hindernis – und vor allem wurde es nicht immer durchtrennt. Dementsprechend hat jede Hürde ihren eigenen Namen und Zweck.

- *Pantan Haur* ist grüner Bambus für alle Gäste. Bambus findet auch Verwendung, um Helden zu empfangen, die gerade als Sieger aus einem Kampfgebiet zurückkommen. Dafür nimmt man gelben Bambus, in der Lokalsprache *Haur Kuning*.

- Bei einem *Pantan Balanga* oder *Tajaw* handelt es sich um ein großes wertvolles Gefäß im chinesischen Stil. Diese Gefäße sind vor allem wertvoll, weil sie aus Ton gemacht sind, dem Goldpulver – angeblich sogar auch Diamanten – beigemischt ist. Balanga werden in traditionellen Zeremonien genutzt, etwa um heiligen Geistern Essen zu opfern. Außerdem glauben die Dayak, dass jedes Balanga einen Geist hat, der im sechsten Himmel lebt. Deshalb sieht man manchmal kleine Opfergaben an einem Balanga liegen. Zerbricht ein Balanga, muss ein traditionelles Ritual durchgeführt werden, damit sich der Balanga-Geist nicht ärgert.
  Ursprünglich benutzten die Dayak andere Arten von Keramikgefäßen. Im siebten und achten Jahrhundert lernten sie unter chinesischem Einfluss die neuartigen Gefäße kennen, und die Dayak bevorzugten sie nach und nach. Für Potong Pantan werden drei, fünf oder sieben Balanga genutzt: Die Gefäße werden mit einem langen Batikstoff *(Bahalai)* bedeckt. Erst nachdem der Gast diesen aufgehoben hat, stellt er die Gefäße zur Seite. Wenn

alles erledigt ist, darf der Gast eintreten. Pantan Balanga werden oft bei traditionellen Hochzeiten eingesetzt. Die Balanga sind auch Zeichen für Elite und sozialen Status.

- Beim *Pantan Garantung* stehen Gongs an der Stelle von Gefäßen. So wie die Balanga werden drei, fünf oder sieben Gongs als Hindernisse vor das Tor gestellt und mit Bahalai bedeckt. Der Gast muss die Gongs zur Seite tragen, bevor er hereinkommen darf.
  Manchmal kombiniert man Pantan Gerantung und Pantan Balanga.
- *Pantan Bawi* oder *Pantan Bulan* ist jetzt nur noch eine Art Legende, die aber nicht mehr praktiziert wird. Beim Pantan Bawi werden drei, fünf oder sieben junge Frauen als Hindernis nebeneinander an das Tor gestellt. Unter Leitung des Dorfältesten geht eine Frau nach der anderen vom Tor weg, bis der Gast hineinkommen kann. Früher konnte er dann eine Frau als Begleiterin bei der Feier wählen.
- *Pantan Timpung* oder *Pantan Bahalai* können auch genutzt werden, um offizielle Besucher zu begrüßen, vor allem auch weibliche Gäste, die ein Mandau nicht anwenden kann. Bei Pantan Timpung hängen lange Stoffe wie zwei Gardinen am Tor, die allerdings in der Mitte zusammengenäht sind. Der

Gast muss die Nähte mit einer Schere oder etwas anderem öffnen.

- *Pantan Tewu* (»Zuckerrohr«) wird oft von Dayak Ngaju gebraucht, die entlang des Katingan-Flusses leben. Das Zuckerrohr wird wie Bambus oder Holz am Tor angebracht. Dieses Ritual mit Zuckerrohr wird auch bei Ernten und Zusammenarbeit auf dem Feld durchgeführt.

Gäste empfangen mit Tänzen und Betelpfeffer

Indonesier mit ihren vielen Stämmen und mannigfaltigen Kulturen kennen natürlich auch viele Tänze. Einige werden speziell aufgeführt, um Gäste zu begrüßen oder Gästen Respekt zu zollen. Obwohl die Tänze aus unterschiedlichen Regionen Indonesiens sind und manchmal der räumliche Abstand sehr groß ist, ähneln sich manche Tänze – zum Beispiel in der Nutzung von Betelpfeffer (Sirih) und den Kernen der Betelnusspalme (Pinang).

Nichts passiert ohne Betelpfeffer – Die zwei Pflanzen Sirih und Pinang findet man tatsächlich in vielen Teilen von Indonesien, und man kennt auch ihren Nutzen überall. In ganz Indonesien benutzt man Sirih (»Betelpfeffer«) oft als eine Art Nachspeise und in der traditionellen Medizin. Außerdem sind

Sirih für bestimmte Rituale wichtig, wie bei der Brautwerbung, der Verlobung, bei Hochzeitsfeiern oder bei einem speziellen Ritual, wenn eine Frau im siebten Monat schwanger ist.

Menginang nennt man den Genuß von Betelpfeffer nach dem Essen. Mit den grünen Blättern vom Betelpfeffer umwickelt man die Betelnuss zusammen mit gelöschtem Kalk *(Calciumhydroxid)*; beim Kauen färben sich Mund und Zähne rot. Lange Zeit glaubte man, Menginang sei gut für die Zähne. Heute weiß man, dass es Krebs und andere Krankheiten verursachen kann. Die ältere Generation, sowohl Männer als auch Frauen, genießt manchmal noch Menginang.

Mit den grünen Sirih-Blättern glaubt man, Krankheiten heilen zu können, etwa kleine Wunden im Mund oder auch Mundgeruch. Dazu kocht man Sirih-Blätter in Wasser und gurgelt nach dem Abkühlen regelmäßig mit diesem Sud. Zahnfleischbluten kann man stoppen, indem man Sirih-Blätter dort auflegt. Um unangenehmen Körpergeruch zu verhindern, soll man das Wasser, in dem man Sirih-Blätter gekocht hat, trinken. Außerdem könne man mit Sirih-Blättern Nasenbluten stoppen oder Brandwunden heilen. Dafür werden einige Blätter erhitzt und verwelkt auf die Wunde gelegt.

Das sind nur einige vermeintliche Einsatzgebiete der grünen Sirih-Blätter. Mit den roten Blättern soll man Husten lindern können und Hautkrankheiten wie Exzeme heilen. Früher wurden die roten Blätter von Prinzessinnen in Herrscherhäusern in Java benutzt, um die Haut sanfter zu machen und sie von Unreinheiten wie Pickeln zu befreien. So wundert es nicht, die nützlichen Blätter einem Gast anzubieten.

Bei einer Hochzeit sind Sirih-Blätter obligatorisch: Der Bräutigam bringt grüne Sirih-Blätter in einem speziellen Behälter mit, dem Tepak Sirih. Die Blätter des Bräutigams liegen mit dem oberen Seite nach unten, symbolisch fürs »Geben«, die Sirih-Blätter der Braut liegen mit der oberen Seite nach oben, als Symbol des »Empfangens«.

Meminang ist das indonesische Wort für »Brautwerbung«. In einigen Gegenden spielen die Sirih-Blätter eine große Rolle beim Ritual der Brautwerbung. Die Blätter werden in den Tepak Sirih und mit einem kleinen Tuch bedeckt. Die Brautwerbung beginnt damit, dass ein Vertreter der Familie des Mannes ein *Pantun*, ein traditionelles Gedicht, vorträgt. In Gegenden mit hauptsächlich malaysischer Kultur werden Pantun häufig in Zeremonien noch mündlich vorgetragen.

Bei einer Brautwerbung sagt der Vertreter des Mannes Folgendes:

Bunge disunting janganlah layu
Nantik kumbang merane badan
Sireh sekapur adat Melayu
Tande hajat hendak diutarakan.

»Gepflückte Blumen nicht verwelken
Sonst wird der Käfer leiden.
Betelpfeffer und Kalk ist malayischer Brauch
Zeichen für einen bestimmten Zweck.«

Der Vertreter der Frau nimmt und probiert die Sirih-Blätter vom Mann und bietet im Gegenzug Sirih-Blätter der Frau an. Anschließend wird dem Mann mit einem anderen Pantun geantwortet:

Benih Tuan usah dibaja
Sebab sudah pasti menjadi
Sireh tuan dah dirase
Rasekan pule sireh kami.

»Pflügen brauchen Sie nicht
Weil Ihre Samen bestimmt aufgehen
Wir haben Ihre Sirih-Blätter probiert
Probieren Sie auch unsere.«

Nachdem der Vertreter des Mannes Sirih-Blätter von der Frau genommen hat, erklärt er den Zweck seines Besuchs.

Die Pertunangan (»Verlobung«) wird in der Regel am Abend gefeiert. Zu dieser Zeremonie bringt sowohl der Mann als auch die Frau eine Art Aussteuer mit. Der Mann bringt Sachen aus drei Kategorien, die Wichtigsten sind: ein Tepak Sirih mit Gewürzen, Sirih-Blätter, Kalk und Pinang-Kernen. Daneben bringt er noch Dinge, die zur Hauptaussteuer gehören, und die dritte Gruppe besteht aus ergänzenden Gegenständen. Die Sirih-Blätter sind in dem Moment das Wichtigste, weil sie die Beziehung zwischen den Familien symbolisieren.

Für Frauen, die im siebten Monat schwanger sind, gibt es ein spezielles Ritual, in dem es darum geht, eine gute Beziehung zwischen der werdenden Mutter und der Hebamme herzustellen. Durch das Ritual hofft man auch, dass die Hebamme sich auf ihre Pflichten beim anstehenden Geburtsprozess und auf die Zeit nach der Geburt, bis das Baby ein bestimmtes Alter erreicht, vorbereitet. Die Sirih-Blätter und alles andere, was zu der Zeremonie gehört, werden zum Haus der Hebamme gebracht und ihr dort übergeben.

Sirih-Blätter kann man ohne oder mit anderen Zutaten verwenden. Man spricht daher von *Sirih Jadi* (»fertige *Sirih*«) und *Sirih Tak Jadi* (»unfertige *Sirih*«). Für Tänze benutzt man in der Regel die grünen Sirih-Blätter.

Wie bereits erwähnt, verwendet man gelegentlich

einen speziellen Behälter für die Sirih-Blätter, den Tepak Sirih. Was, wie und wo man die Blätter im Behälter anordnet, hat seine eigenen Regeln. Außerdem repräsentiert jede Zutat etwas Besonderes:

- Sirih (»Betelpfeffer«) symbolisiert Demut und die Bereitschaft, andere zu respektieren, während man die Eigenschaft hat, großzügig zu sein.
- Tabak symbolisiert jemanden, der beharrlich ist, und bereit ist, sich zu opfern.
- Kalk gilt als Symbol für jemanden, der ein »weißes« und ehrliches Herz hat. Wird eine Situation für ihn unerträglich, kippt seine Emotion, und er wird aggressiv oder wütend.
- Pinang (»Betelnuss«) repräsentiert jemanden von hohem Niveau, der gut erzogen und ehrlich ist. Diese Person ist bereit, sich mit ganzem Herzen um eine Sache zu kümmern.
- Gambir (Latein: *Uncaria Gambir*) und sein leicht bitterer Geschmack symbolisieren Beharrlichkeit und ein Herz, das niemals aufgibt.

***Kabela* – mit kleinen Kästen begrüße die Gäste** – *Kabela* ist ein traditioneller Tanz der Bolaang Mongondow in der Provinz Nordsulawesi. Er wird aufgeführt, um Gäste willkommen zu heißen. Ursprünglich tanzte man Kabela nicht nur für offizielle Gäste, sondern auch für Verwandte, Nachbarn, weit gereiste und andere respektable Gäste.

Die Begrüßung mit Betelpfeffer wird von den Bolaang Mongondow Manoimama-Tradition genannt. Kabela ist die Bezeichnung für kleine Schachteln aus Holz, die mit Pinang-Kernen, Sirih und *Cengkih* (»Gewürznelke«) gefüllt sind. Die Größe eines Kabela ist in der Regel 10×5×5 Zentimenter oder 30×25×20 Zentimenter. Die äußere Seite eines Kabela ist mit Perlen verziert, die Motive aus dem täglichen Leben oder bestimmte geometrische Formen aufgreifen. In der Sprache der Bolaang Mongondow ist ein Kabela ein *Boyo-Boyo*, also »der kleine Kasten für Sirih und Pinang«.

Wenn ein Gast kommt, bietet ihm der Gastgeber Sirih und Pinang in einem Kabela an. Für die Bolaang Mongondow ist das ein Zeichen von Respekt vor dem Gast. Für sie ist es eine Ehre, Besuch zu bekommen. Dabei spielt der soziale Status des Besuchers keine Rolle. Dies entspricht dem Motto »*Mototompiaan, Mototabian Bo Mototanoban*«, was bedeutet »gegenseitig unterstützen, gegenseitig erinnern und miteinander lieben«. Neben dem Willkommensgruß zeigt man mit Kabela auch die Offenheit der Gesellschaft für Freundschaft und Fortschritt.

Aus dieser Tradition entwickelte sich der Tanz Kabela, dessen Bewegung und gesungene Worte diese Überzeugung zum Ausdruck bringen: Die Tänzer halten die kleinen Kästchen in ihren Händen. Allerdings wird für den Tanz der Kabela nicht mit Sirih und Pinang gefüllt, sondern mit Blumen, die von den Tänzern vor dem Gast gestreut werden. Hauptbewegungen sind die Begrüßung durch die Hände vor der Brust, das Verstreuen von Blumen aus dem Kasten und das Knien auf dem Boden. Kabela tanzt man dem Gast – oder bei Hochzeiten Braut und Bräutigam – zugewandt; Leute aus Bolaang Mongondow, die in großen Städten wie Jakarta, Surabaya und Makasar leben, haben diese Tradition dorthin mitgenommen.

Kabela tanzen in der Regel drei, fünf, sieben oder neun Tänzerinnen; zum Zeichen von Respekt schminken sie sich. Der Tanz dauert circa sieben Minuten, dabei werden sie von traditioneller Musik oder Gesang aus Bolaang Mongondow begleitet; oft wird das Lied *Kosili-Sili* von B. Ginupit, einem Künstler aus Bolaang Mongondow, gespielt. Zu anderen Gelegenheiten finden sich auch andere Lieder oder Instrumentalstücke als Begleitung. Gern benutzt man den *Kulintang*, ein traditionelles Musikinstrument, das aus kleinen Gongs besteht, eine Flöte oder eine Art Trommel, die man *Kendang* nennt. Die Tänzerinnen tragen dazu die Frauentracht von Bolaang Mongondow mit einem goldenen Tuch, das speziell Schultern und Rücken bedeckt, und mit Bildern bestickt ist.

Kabela ist kein alter Tanz. Er entwickelte sich in den 1950er und 60er Jahren, wird aber seit den 1990er Jahren schon als traditioneller Tanz angesehen.

***Makan Sirih* – oder tanz mir den Betelpfeffer? –** *Mahkan Sirih* heißt im Deutschen »Betelpfeffer essen«. Wenn man den Namen des Tanzes hört, geht man automatisch davon aus, dass Sirih bei diesem Tanz eine große Rolle spielt, so wie beim Kabela-Tanz aus Nordsulawesi. Wird es beim Makan Sirih vielleicht gegessen? Diese Vermutung ist allerdings falsch. Nicht nur das: Der Betelpfeffer kommt bei diesem Tanz, den Frauen und Männer paarweise tanzen, gar nicht vor, außer im Begleitlied. Sirih-Blätter werden dem Gast erst am Ende des Tanzes von den Tänzerinnen angeboten.

Makan Sirih ist ein klassischer malaysischer Tanz. Von siebten bis sechzehnten Jahrhundert etwa existierte ein Königreich Melayu auf der Insel Sumatra. Der Name selbst ist aber schon aus dem zweiten Jahrhundert überliefert. Heutzutage leben die Orang Melayu (»Melayu-Leute«) natürlich nicht nur auf der Insel Sumatra, sondern sind in weite Teile Indonesiens verstreut, und so tanzt man Makan Sirih auch in anderen Gegenden.

Weil der Makan Sirih-Tanz auch häufig zu Ehren von Gästen aufgeführt wird, nennt man den Tanz auch *Tari Persembahan Tamu* oder »Tanz der Huldigung für Gäste«. Traditionell wird der Makan Sirih von jüngeren Paaren getanzt, das ist aber nicht zwingend festgelegt, auch ältere Paare dürfen den Tanz aufführen. Die Tänzer kleiden sich dabei mit der Melayu-Tracht: Männer tragen lange Hose, ein Hemd, einen *Peci*, die Kopfbedeckung aus schwarzem Samt, und einen Sarong, aber nicht bis zu den Füßen, sondern nur um Taille und Hüfte. Die Tänzerinnen tragen die weibliche Tracht mit Sarong, der ihre Beine bis zu den Füßen bedeckt.

***Sembah Sigeh Penguten* – Tanz der Huldigung** Aus Lampung, der Provinz am südlichsten Ende Sumatras, kommt dieser Tanz, der präsentiert wird, um Gäste sowohl in einer traditionellen Zeremonie als auch bei anderen Gelegenheiten zu begrüßen. Außerdem wird dieser Tanz bei Hochzeiten in der Lampung-Gesellschaft aufgeführt. Dabei dient er nicht nur der Belustigung, sondern auch dem Willkommen von Gästen.

Früher gab es mehrere Willkommenstänze, die sich sehr ähnlich waren, deshalb einigte man sich auf einen einzigen Tanz und nannte ihn *Tari Sigeh Penguten*. In Lampung gibt es zwei ethnische Gruppen, Pepadun und Peminggir, die meinen, das Vorrecht zu haben, Lampung zu repräsentieren.

Den Sembah Sigeh Penguten tanzen einige Frauen. Sie machen Bewegungen wie bei einer Anbetung, sowohl im Sitzen, als auch im Stehen. Am Ende des Stückes kommt die Haupttänzerin mit einem kleinen Messingbehälter, der einige Sirih-Blätter oder Süßigkeiten enthält, zum Gast, der aufgefordert ist, als Willkommenszeichen etwas aus dem Behälter zu nehmen.

Der Tanz Sembah Sigeh Penguten zeigt deutlich Tradition und Brauchtum von Lampung, unter anderem durch das Tanzgewand. Die Tänzerinnen tragen die Tracht der Provinz komplett mit *Siger*, der Braut-Krone. Siger ist vollständig aus Messing gefertigt, die Form ist flach und breit und die obere Kante hat eine Zackenform. Ein Siger aus dem Stamm Pepadun hat neun Zacken, ein Siger aus der Gruppe der Saibatin hat sieben Zacken. Außerdem gibt es noch den *Siger Tuha*, der schon vor dem Islam in der Gegend getragen wurde; dieser Siger hat keine Zacken.

Die Tänzerinnen tragen normalerweise *Baju Kurung*, die in Sumatra häufig getragene traditionelle Kleidung, die wie ein langes, gerade geschnittenes Oberteil mit langen Ärmeln aussieht. Die Farbe ist weiß, daher die Bezeichnung *Sesapur*. Am unteren Rand hängen kleine silber- oder goldfarbige Metallstücke, die wie Münzen aussehen; die Fransen werden *Rumbai Ringgit* genannt. Außerdem tragen sie einen *Kain Tapis*, einen mit goldenem Garn bestickten Sarong mit typischen Lampung-Motiven.

Dazu kommt noch ein Gürtel aus nachgebildeten niederländischen Münzen mit einem Bild von Königin Wilhelmina, den *Pending*. Daneben tragen die

Tänzerinnen einen weiteren Gürtel aus rotem Samt, der mit Messingstücken verziert ist. An ihren Fingern tragen sie *Tanggai*, Schmuckstücke, die wie lange goldene Fingernägel aussehen. Im *Bahasa Indonesia* heißt *Tanggai* »Fingernägel«. Durch die »falschen« Fingernägel sehen die Finger länger und schöner aus, vor allem bei bestimmten Hand- und Fingerbewegungen.

Ein weiteres Requisit sind *Mulan Temanggal* und *Buah Jukum*, die am Hals als Schmuckketten getragen werden. Mulan Temanggal besteht aus Messingstücken und Buah Jukum aus kleinen Perlen. Armreifen tragen sie auch: Gelang Burung an den Oberarmen, nicht weit von den Schultern; diese Reife haben die Form von Flügeln und sind aus Messing. An den Handgelenken sitzen *Gelang Kana* und *Gelang Arab*, ebenfalls aus Messing.

***Tanggai* – Gäste begrüßen mit langen Fingernägeln –** Dieser Tanz ist aus der Provinz Südsumatera, die genau neben der Provinz Lampung liegt; so findet man in den traditionellen Tänzen viele Ähnlichkeiten – vor allem in Tanzgewand und Schmuck der Tänzerinnen. Tanggai nennt man sowohl in Südsumatera als auch in Lampung die »falschen« langen Fingernägel der Tänzerinnen, die sie an den Fingern, nicht aber an den Daumen tragen. Benannt ist der Tanz nach diesen langen Fingernägeln. Der Tanggai-Tanz wird auf Hochzeiten aufgeführt und um Gäste zu empfangen, hauptsächlich aber möchte man zeigen, dass die Gesellschaft freundlich und liebenswert ist, und ihre Gäste willkommen heißt und respektiert.

Tanggai wird von fünf Tänzerinnen präsentiert. Die falschen Fingernägel sind hier anders als in Lampung aus Kupfer oder Silber. Auch hier tragen die Frauen eine Art langes, gerade geschnittenes Oberteil, aber es ist nicht weiß und nicht immer mit langen Ärmeln. Sie tragen unterhalb der Baju Kurung einen Sarong aus speziellem und typisch indonesischem Brokat-Textil, das man *Songket* nennt. Sie tragen auch Pending, den Gurt aus Münzen, und Armreifen, aber nicht immer in der gleichen Weise.

Der Tanggai-Tanz ist einer der ältesten der traditionellen Tänze aus Palembang, der Hauptstadt der Provinz Südsumatera. Aber dieser Tanz verbreitete sich auch in anderen Teilen Südsumateras. Ursprünglich war der Tanggai ein Huldigungstanz im Buddhismus, und die Tänzerinnen brachten Opfergaben in Form von Blumen und Obst dar. Weil er religiöse Funktion hatte, war der Tanggai ein sakraler Tanz, der nicht zu jeder beliebigen Zeit präsentiert werden durfte, sondern nur innerhalb der religiösen Rituale.

Der Tanggai-Tanz in Palembang hat Ähnlichkeiten mit einigen Tänzen in China, die aus buddhistischen Ritualen stammen. Der Grund liegt in der gemeinsamen Vergangenheit: In Südsumatra gab es früher das buddhistische Königreich Sriwijaya, wo Könige aus der Syailendra-Dynastie herrschten. Die erste Erwähnung von Sriwijaya ist aus dem Jahr 671; der chinesische Priester I Tsing berichtete, dass er in dem Jahr Sriwijaya besuchte und sechs Monate dort blieb. Das Königreich erstreckte sich von Kambodscha und Thailand im Norden, die Insel Sumatera und die benachbarten kleinen Insel bis Java im Süden.

Heutzutage funktioniert Tanggai eher symbolisch für Respekt vor Gästen. In dem Tanz bietet die Haupttänzerin dem Gast Sirih an.

Gelber Reis für Gäste in Kutai – Jede Gegend und jeder Stamm in Indonesien hat eine eigene Weise, offizielle Gäste zu begrüßen. Ein Begrüßungstanz oder mehrere zu Ehren der Gäste ist keine Seltenheit, auch in Kutai Kartanegara in Ostkalimantan, wo früher das Königreich Kutai lag. Allerdings werden Gäste hier kein Sirih, Pinang oder Kalk angeboten bekommen: Einem Gast Betelnuss und -pfeffer anzubieten stammt aus der malaysischen Tradition, die auf der Insel Sumatera weit verbreitet ist. An Stelle von Sirih und Pinang werden Gäste in Kutai mit gelbem Reis begrüßt – sie werden damit bestreut!

Vor langer Zeit fand man den Begrüßungs- oder Huldigungstanz in Kutai nur im Keraton, im Palast des Sultans von Kutai Kartanegara. Damals wurde er speziell von Prinzessinnen im Palast in einer Begrüßungsfeier mit *Gamelan*-Musik getanzt. Es gibt keine klare Vorschrift, wie viele Tänzerinnen den Begrüßungstanz aufführen sollen; aber man denkt, je mehr Tänzerinnen beteiligt sind, desto besser. Im Laufe der Geschichte wurde entschieden, dass der Tanz auch vom normalen Volk aufgeführt werden darf, so dass der Tanz in der Gesellschaft weiterlebt und ein Teil der Kutais-Kultur wurde.

Betrachtet man Choreographie und Begleitmusik, bemerkt man den starken Einfluss der javanischen Kultur, unter anderem in der Gamelan-Musik, die den Bewegungsrhythmus im Tanz koordiniert. Gemeinsamkeiten in Tanzrhythmen verweisen auf die engen diplomatischen Beziehungen zwischen Keraton Kutai und Keraton auf Java. In der Tat gab es im 14. Jahrhundert eine Invasion aus dem starken javanischen Königreich Kerajaan Majapahit nach Kalimantan.

Während des Tanzes halten die Tänzerinnen eine Schüssel mit gelbem Reis. Reis kommt häufig in sakralen Ritualen in Kutais Königshaus vor. Der gelbe Reis gilt als Medium für die Kommunikation mit dem Jenseits. Mitten im Tanz wird der Gast mit dem Reis beworfen; damit drücken die Kutai ihre Ehrerbietung und Hoffnung aus, dass der Gast ein segensreiches Leben hat.

Was ist üblich?

Man wohnt in der Regel im Haus der Eltern, bis man verheiratet ist

Es sei denn, man arbeitet in einer anderen Stadt oder lebt aus irgendeinem anderen Grund von den Eltern getrennt. In einer normalen Familie bleiben Kinder bei den Eltern, bis sie eine eigene Familie haben.

Manchmal wohnen die Kinder auch dann noch im Haus der Eltern, wenn sie verheiratet sind. In diesem Fall lebt das Ehepaar im Haus der Familie des Mannes mit. Sie haben dann nur ein Zimmer und keine eigene Wohnung. Sie beteiligen sich auch an allen im Haushalt anfallenden Arbeiten und unterstützen die Eltern finanziell. Aber auch die umgekehrte Situation kommt vor, dass die Eltern das junge Paar unterstützen müssen.

Diese Wohn-Konstellation findet man häufiger in Indonesien. Manchmal bleiben die Kinder bei den Eltern, weil die Eltern es so wollen, vor allem wenn schon ein Elternteil verstorben ist. Wenn das Verhältnis zwischen Eltern und Schwiegertochter oder Schwiegersohn gut ist, kann das Zusammenleben gut gehen; Tränen und Streitereien sind jedoch nicht selten. Es gibt Fälle von bösen Schwiegereltern, aber es gibt auch Situationen, in denen die Schwiegertochter die »Macht« im Haus übernimmt und alles kontrolliert.

Eltern bleiben bei ihren Kindern, bis sie sterben

Das ist im Grunde die umgekehrte Situation, aber auch nicht unüblich in Indonesien. Wenn man Geschwister hat, spricht man sich ab, wer sich um die Eltern kümmert oder bei wem die Eltern wohnen sollen. Altenheime sind in der Regel nur für Leute, die gar keine Familie mehr haben. Solange es eine Familie gibt, ist es für Indonesier undenkbar, die Eltern in einem Alten- oder Pflegeheim wohnen zu lassen. Wenn Kinder das tun, werden sie von der Gesellschaft sehr negativ betrachtet.

Sind die Eltern krank, bleiben sie trotzdem in ihrer Familie; dabei werden ältere Personen oft nicht nur von den eigenen Kindern gepflegt, sondern auch von Nichten und Neffen. Wer es sich leisten kann, engagiert eine Pflegerin – aber verglichen mit Honoraren von Pflegekräften in Deutschland, ist Indonesien sehr viel preiswerter.

Familie und Verwandtschaft sind eben sehr wichtig für Indonesier. Das ist auch gut so, weil die meisten Leute keine Rente bekommen. Das heißt, wenn sie nicht mehr arbeiten können, sind sie finanziell von den Kindern abhängig. Es ist also im wahrsten Sinne des Wortes notwendig, dass sich die Kinder um ihre Eltern kümmern.

Es gibt natürlich auch reiche Leute, die die finanzielle Unterstützung der Kinder nicht brauchen; aber auch die leben in der Regel nicht allein. Indonesier bleiben eben gerne zusammen.

Alle werden »eingemeindet«

Was in manchen Situationen gut ist, bringt manchmal auch Unverständnis oder sogar Ärger. Es ist zwar nett, Leute um sich zu haben und nicht allein »kämpfen« zu müssen. Aber Teil einer Gemeinschaft zu sein, bedeutet auch, dass man als solcher behandelt wird. Und da wird mehr oder weniger erwartet, dass man sich entsprechend verhält und das »System« akzeptiert. Vor allem für Ausländer, die noch nicht so lange mit dieser Mentalität konfrontiert sind, ist die Situation manchmal richtiggehend störend.

Wenn Europäer nach Indonesien kommen, werden sie freundlich begrüßt. Man sollte sich aber nicht wundern, wenn man nach kurzer Zeit mit Fragen gelöchert wird. Die Fragen sind nett und harmlos: Woher kommen Sie? Gibt es da Schnee? Waren Sie schon an dem und dem Strand, es ist nämlich sehr schön da?

Etwas später lauten die Fragen: Sind Sie verheiratet? Haben Sie Kinder? Wenn Sie mit Nein antworten, kommt die nächste Frage: Warum haben Sie keine Kinder? Wollen Sie nicht? – Wohlgemerkt: Sie kennen sich nicht. Der fragende Indonesier kann Ihr Reiseführer sein, ein Taxifahrer oder einfach jemand, der Ihnen im Zug gegenüber sitzt.

Warum stellen Indonesier also Fragen, die eher privat sind? Diese Fragen sind übrigens auch für viele Indonesier privat, und nicht alle Indonesier mögen es, so ausgefragt zu werden. Aber viele sind einfach neugierig, ob Leute aus anderen Ländern die Familie und das Leben so sehen wie sie selbst. Wenn nicht, können sie das kaum nachvollziehen; vor allem, wenn sie selbst noch nicht viel von dieser Welt gesehen haben. Jedenfalls ist bei der Fragerei nichts Persönliches gemeint.

Verheiratet oder noch nicht verheiratet?

Im indonesischen Personalausweis sind viele persönliche Informationen vermerkt, die wahrscheinlich niemals in ein deutsches Ausweispapier gelangen werden. So finden sich Angaben zur Religionszugehörigkeit (dieses Thema wird später noch ausführlicher besprochen) und zum Familienstand. Ist man verheiratet, steht da *menikah* (»verheiratet«); ist man nicht verheiratet, wird notiert *belum menikah*, was bedeutet: »Noch nicht verheiratet«. Warum schreibt man das so? Vielleicht, weil sich der Indonesier nicht vorstellen kann, dass jemand nicht verheiratet sein will. Wie ja bereits gesagt, hat die Familie einen besonders hohen Stellenwert.

Was singt man auf den Inseln?

Einige Studien besagen, der Kern der indonesischen Musik, die heute noch bekannt ist, existiere schon seit der Bronzezeit (2000 vor Christus), als unterschiedliche Kulturen anfingen, die Inseln zu bevölkern. Immernoch wird die traditionelle Musik in Indonesien gepflegt, so gilt sie als wichtiger Teil der indonesischen Kultur und wird in Zeremonien und Ritualen gespielt. Daneben gibt es natürlich auch Einflüsse aus anderen Gegenden der Welt, die Händler, Abenteurer, Missionare, Kolonialmächte oder Besucher mitgebracht haben.

Viel Überliefertes hat sich im Lauf der Zeit mit der Musik vermischt. Einflüsse sind etwa in den Bereichen Rhythmus, Harmonie, Melodie und Instrumente abzulesen. Zum Beispiel ist der *Gambus* eine Musikrichtung, in der ein 12-saitiges Instrument aus dem Nahen Osten, *Oud*, eine große Rolle spielt. *Dangdut* ist ein Musikgenre, das im Volk sehr populär ist. Rhythmus und Melodie von Dangdut kommen aus der indischen, malaysischen und arabischen Musik. Der Text ist immer auf Indonesisch. *Keroncong* beinhaltet Elemente aus der westlichen Musik, die die Portugiesen mitbrachten, wie auch ihre Instrumente. Prominent beim Keroncong ist die *Uku-*

lele, die auch auf anderen Pazifik-Inseln gern gespielt wird.

Europäische Musik, vor allem Kirchenmusik und -lieder, machten die Missionare in Indonesien bekannt. Bis jetzt singen Indonesier, vor allem die Protestanten, Lieder aus europäischen Ländern, deren Texte ins Indonesische übersetzt wurden. Zeitweise schrieb man auch eigene Texte auf eine bekannte Melodie. Ludwig Ingwer Nommensen, der deutsche Missionar, der die evangelische Konfession nach Nordsumatera zu den Batak brachte, stellte ihnen auch typische deutsche Kirchenlieder vor, die bis jetzt noch in den evangelischen Kirchen in ganz Indonesien gesungen werden. Hier einige Beispiele:

Deutsch	**Indonesischer Titel (übersetzter Titel)**
Stille Nacht, Heilige Nacht (Joseph Mohr, 1818)	*Malam Kudus* (Heilige Nacht)
Es ist ein Ros' entsprungen (Weihnachtslied aus dem 16. Jh. und Michael Praetorius, 1609)	*Tumbuhlah Tunas Baru* (Ein neuer Trieb ist entsprungen)
Nun danket alle Gott (Martin Rinckart, 1636)	*Sekarang Bersyukur* (Nun danken)
O Haupt voll Blut und Wunden (Paul Gerhardt, 1656)	*Kepala yang Berdarah* (Der blutende Kopf)

Deutsch	**Indonesischer Titel (übersetzter Titel)**
Ein feste Burg ist unser Gott (Martin Luther, 1529)	*Allahmu Benteng Yang Teguh* (Dein Gott ist eine starke Burg)
Schönster Herr Jesu (Katholisches Gesangbuch, Münster 1677)	*Tuhanku Yesus* (Mein Gott Jesus)
Großer Gott, wir loben dich (Ignaz Franz, 1771)	*Tuhan Allah, Namamu* (Gott, Dein Name)

Auffällig bei den Musikgenres, die aus Europa nach Indonesien kamen, ist die achtstufige Tonleiter. Das Oktavsystem ist auch für aktuelle Popmusik üblich, während viele sehr früh in Indonesien gespielte Instrumente pentatonisch (nur mit fünf Tönen) funktionieren.

Obwohl die Oktave weitverbreitet und genutzt ist, sowohl um Instrumente zu spielen, als auch zu singen, ist das Schreiben und Lesen von Musik in Blocknoten nicht sehr verbreitet; oft können das nur Leute, die gelernt haben, europäische Musikinstrumente zu spielen (Klavier, Gitarre, Geige usw.). Ausnahmen gibt es natürlich, und die Kinder lernen in der Schule, Blocknoten zu lesen. Aber hier gilt dasselbe Prinzip, wie bei Fremdsprachen: Wenn man sie nicht spricht, vergisst man sie.

In Indonesien benutzt man *do* (1), *re* (2), *mi* (3), *fa* (4), *sol* (5), *la* (6) und *si* (7), die man in Deutschland auch kennt. So schreibt man auch Musik auf. Daran orientiert man sich, wenn man ein neues Lied lernt: Wenn man die Zahl 1 sieht, singt man *do*. Oder *re*, wenn man die Zahl 2 sieht und so weiter. Mit der Tonleiter lernt man also die Melodie des Liedes; wenn man die Melodie kann, singt man das Lied mit Text.

Wenn Schwierigkeiten auftauchen, weil man die Melodie doch noch nicht im Kopf hat, singt man wieder mit den Tönen aus der Tonleiter, um sich die Melodie anzueignen. Anschließend singt man einfach wieder mit Text.

Und wie behält man den Notenwert? Hier ist ein kurzer Vergleich am Beispiel der Note »g« oder *sol* oder 5.

- Eine ganze Note schreibt man als Zahl mit drei Punkten: | 5 . . . |
- Die halbe Note als Zahl mit einem Punkt: | 5 . |
- Eine Viertelnote ist nur eine Zahl: | 5 |
- Bei der Achtelnote bekommt die Zahl einen Strich über der Zahl. Zwei Achtelnoten sehen so aus: | $\overline{55}$ |
- Eine Sechzehntelnote hat zwei Striche über der Zahl
- Die Zweiunddreißigstelnote hat drei Striche.

Um es zu verdeutlichen, hier das bekannte ökumenische Lied *Großer Gott wir loben Dich*, wie es ungefähr in indonesischen Gesangbüchern aussieht:

|| 1 . 1 | 1‿7̣ 1 | 2‿3 2 | 1 . 0
Gro- ßer Gott wir lo- ben dich,
Vor dir neigt die Er- de sich,

3 . 3 | 3‿2 1 | 5‿4 3 |3 2 0:||
Herr, wir prei- sen dei- ne Stär-ke;
und be- wun- dert dei- ne Wer-ke.

2 . 3 | 4 . 2 | 3 . 4 | 5 . 0
Wie du warst vor al- ler Zeit,

6 . 6 | 5‿4 3 | 4‿3 2 | 1 . . ||
so bleibst du in E- wigkeit.

Glauben oder nicht glauben? Es wird nicht gefragt!

Auf den indonesischen Inseln existieren Geister, Dämonen, Aberglaube, »richtige« und »falsche« Schamanen, heilige Tänze, heilige Berge und heilige Glücksbringer quasi an jeder Ecke. Um alles, was angeblich heilig ist, zu ehren und zu lobpreisen gibt es auch entsprechende Rituale und heilige Dinge, die man benutzen muss, sonst verärgert man vielleicht die heiligen Geister. Mit dem christlichen Heiligen Geist hat das alles nichts zu tun und auch sonst mit keiner Religion.

Indonesier müssen offiziell eine Religion haben, die auch im Personalausweis, dem KTP *(Kartu Tanda Penduduk)*, eingetragen ist. Fünf Religionen sind offiziell anerkannt: Islam, Christentum (evangelisch und römisch-katholisch), Hinduismus, Buddhismus und Konfuzianismus. Aber was man offiziell erklärt muss nicht unbedingt das sein, was man glaubt und praktiziert. Deshalb redet man auch von *Islam KTP* oder *Kristen KTP* und so weiter, um anzudeuten, dass man nur offiziell dieser Religion angehört.

Viele Indonesier glauben und praktizieren die Lehren ihrer Religion. Andere nehmen ihren Aberglauben ernst, und die meisten Leute mischen Religion und Aberglaube. Sie praktizieren, was ihre Religion lehrt, und sie glauben an Geister und dass man zu bestimmten Zeiten Opfer zu einem Baum, Berg oder Fluss bringen muss. Man macht sich keine Gedanken darüber, dass diese Opfergaben und die eigentliche Religion nicht zusammenpassen.

Dieser Volksglaube stammt aus der Zeit, bevor die Religionen auf die Inseln kamen: Animismus und Dynamismus. Der Aberglaube vermischte sich mit Tradition, geographischer Lage und Einflüssen von außen, und so hat jede Gegend ihre eigenen Geister, Rituale, Praktiken und Mythologien. Oft überschneiden sich diese Riten und Bräuche natürlich auch mit benachbarten Ländern wie Malaysia und Philippinen.

In Indonesien, wie in den meisten anderen Ländern der Erde, ist Aberglaube nicht jedermanns Sache. Man muss beispielsweise wegen einer Vulkaneruption nicht gleich an einen wütenden Geist denken, sondern kann auch versuchen, eine wissenschaftliche Erklärung zu finden. Soweit ist das noch klar, es gibt Rituale, die sogar für abergläubische Indonesier nicht nachvollziehbar, teilweise sogar inakzeptabel sind.

In Indonesien gibt es viele Rituale, die etwas mit Opfergaben zu tun haben. Manchmal will man mit dem Opfer erreichen, dass der Berg das Dorf bei der nächsten Eruption verschont. Oder man möchte den Dienst eines Geistes in Anspruch nehmen und bringt ihm deshalb ein Opfer dar. Einige dieser Rituale zeigen deutlich die Mischung von Aberglaube und religiösen Aspekten.

Larung sesaji in Blitar – Das traditionelle Ritual *Larung Sesaji* wird am 1. Tag im ersten islamischen Monat *Muharram* am *Tambakrejo*-Strand und anderen Stränden am Indischen Ozean ausgeführt, den viele in Indonesien *Laut Selatan* (»Südmeer«) nennen. Dieses Ritual ist das Zeichen der Dankbarkeit für Gottes Segen. In Blitar ist es die Dankbarkeit für Gottes Hilfe für die Fischer in der Gegend, am südlichen Teil von Ostjava. Geopfert werden unterschiedliche Früchte, Gemüse und geschlachtete Nutztiere.

In Blitar leitet der örtliche Regierungschef das Ritual zusammen mit den Traditionsältesten. Bei dem Ritual wird immer die Geschichte von Blitar verlesen: Vor langer, langer Zeit war Blitar eine dicht bewaldete Küstenregion. Der erste Mensch, der sich in der Gegend angesiedelt hat, war ein Mann namens Ki Atmo Wijoyo.

Er war Mitglied der Kampftruppe von Prinz

Diponegoro in der Zeit des Java-Krieges (1825–1830) gegen die niederländische Kolonialmacht. Prinz Diponegoro wurde vom niederländischen General De Kock überlistet, verhaftet und ins Exil nach Makassar geschickt, seine Truppe wurde aufgelöst. Einige kämpften als Guerilla weiter, während andere in ihr früheres Leben als Mitglied der Gesellschaft zurückkehrten.

Ki Atmo Wijoyo versuchte, allein an einem einsamen Ort zu leben. Im Wald, nicht weit vom Meer, legte er seine Waffen ab und zog seine Uniform aus, um eins zu werden mit der Natur; für sein Überleben nutzte er alles, was er in der Natur fand. In seinem Versteck musste er nicht nur gegen Hunger, Durst und wilde Tiere kämpfen, sondern auch gegen *Mahluk Halus*, Wesen, die so sanft sind, dass sie einem dadurch eher unheimlich als angenehm sind. Ki Atmo Wijoyo konnte alle Herausforderungen meistern.

Seine Waffen waren körperliche und seelische Kraft. Als Mitglied von Diponerogos Truppe hatte er exzellente physische Kraft und *Tenaga Dalam*, die innere Kraft, mit der er mit seiner neuen Umgebung kommunizieren konnte. Außerdem trat er in Verbindung zu den Menschen, die außerhalb des Waldes wohnten. Langsam ließen sich immer mehr Menschen an diesem Ort nicht weit von der Küste nieder.

Dass die Fischer am Strand von Tambakrejo in so großem Wohlstand leben können, sehen sie auch als

Ki Atmo Wijoyos Verdienst an. Um sich zu bedanken, opfern sie dem Meer, was sie vom Feld ernten.

***Purnama Kesadha*: Heiliges Ritual am Krater des Vulkans** – *Purnama Kesadha* (»der zwölfte Vollmond«) heißt das Hindu-Ritual am Tengger-Gebirge bei Malang in Ostjava. Bei diesem Ritual bringt man Opfergaben zum Krater des Berges Bromo, um sich an einen Menschen namens Dewa Kusuma zu erinnern und ihn zu lobpreisen. Um das Versprechen seiner Eltern zu erfüllen, ist Dewa Kusuma bereit, in den Krater des Bromo als Opfer geworfen zu werden.

Die Geschichte begann gegen Ende des Königreichs Majapahit: Der letzte König war Prabhu Brawijaya, die Tengger im Tengger-Gebirge waren die letzte Bevölkerungsgruppe im Königreich Majapahit. Sie flohen, als das Königreich zerstört wurde und sind bis heute noch immer Hindu oder Buddha. Bevor das Volk von Majapahit zum Tengger-Gebirge ging, war die Gegend zwar schon bewohnt, aber es gab nur circa zehn Familien. Weite Teile dieser Gegend wurden von einem Ehepaar, Joko Seger und Roro Anteng, für das Volk vorbereitet. Der Name *Tengger* ist die Kombination ihrer Namen: An*teng* und Se*ger*.

Roro Antengs Vater war König, der, nachdem er einen Krieg verloren hatte, in den Wald flüchtete; der Gegner soll der eigene Sohn gewesen sein. Aber er lief nicht weg, sondern verließ für den Frieden mit seinen Frauen das Reich, um mit ihnen in der Gegend zwischen dem Bromo- und Semeru-Berg einen neuen Anfang zu wagen.

Dann wurde die Tochter, Roro Anteng, geboren. *Anteng* bedeutet »ruhig oder still«. Sie wird so genannt, weil sie bei der Geburt nicht geweint habe. Sie wuchs zu einer schönen Frau heran. Niemand wusste, dass die Geburt Roro Antengs eigentlich die Menschwerdung einer Göttin war.

Zur gleichen Zeit wurde an einem anderen Ort im selben Wald der Sohn eines Priesters geboren, Joko Seger. *Seger* bedeutet »gesund und frisch«. Er wurde so genannt, weil er bei der Geburt gesund und mollig war. Zum jungen Mann herangewachsen, war er von ansehnlicher Gestalt.

Neben dem Ex-König, seinem Gefolge und dem Priester lebte in diesem Wald auch ein Riese, der wie ein Rhinozeros aussah und Kyai Bima hieß. Als er von der Schönheit Roro Antengs hörte, bat er direkt um ihre Hand. Roro Anteng sagte unter der Bedingung zu, dass der Riese auf dem Berg einen See anlegen sollte. Der See musste in einer Nacht entstehen, noch bevor der Hahn krähte. Kyai Bima sagte zu. Um das Loch zu buddeln, nahm er die harte Kokosnussschale und schaufelte nur zweimal, bis er ein sehr großes Loch hatte. Und plötzlich krähte der Hahn.

Eigentlich war noch nicht die Zeit des Sonnenaufgangs, aber Roro Anteng wurde leicht nervös, als sie sah, wie groß das Loch schon war. Deshalb begann sie Reis zu stampfen, so dass der Hahn vor lauter Schreck dachte, es sei schon Morgen. Man kann sich vorstellen, wie wütend Kyai Bima war, und so warf er die Kokosnussschale, die noch voller Erde war, von sich: Die Schale fiel um, und weil sie sehr groß war, wird sie seitdem Batok-Berg genannt. Im Zorn ging Kyai Bima aus dem Ort, und seine Spur wurde ein Fluss, der bis heute im Wald auf dem Batok-Berg fließt. Roro Anteng war gerettet und heiratete Joko Seger.

Beide verbrachten ein langes und glückliches Leben miteinander. Sie setzten sich für die Gegend und die Gesellschaft ein und waren sehr beliebt. Allerdings vermissten sie nach einer Weile ein Kind. »Es ist mir lieber, verbrannt zu sein, als kein Kind zu haben«, sagte Joko Seger einmal zu seiner Frau. Roro Anteng antwortete unter Tränen: »Bitte sei doch geduldig. Warum bitten wir nicht den Allmächtigen gemeinsam, uns ein Kind zu geben?«

Als er seine Frau so reden hörte, schwor Joko Seger: »Wenn ich 25 Kinder bekommen sollte, werde ich eins als Opfergabe ins Feuer werfen!« Plötzlich stieß Feuer aus dem Boden, und die Stelle heißt seitdem »der Krater vom Bromo-Berg«.

Es kam, wie es kommen musste: Das Paar bekam tatsächlich Kinder. 25. Sie genossen die Zeit mit ihren Kindern, bis ihnen eines Tages Joko Segers Schwur wieder einfiel. Sie liebten alle, aber sie mussten ein

Kind opfern. Deshalb riefen sie alle zusammen und erzählten ihnen von diesem Schwur. Die Kinder waren schockiert. Das jüngste Kind, Dewa Kusuma, erklärte sich jedoch bereit, geopfert zu werden. Er bat aber darum, dass es am 14. Tag des 12. Monats geschieht, und dass dafür jedes Jahr an diesem Tag ein Nutztier und ein Teil der Ernte als Opfer gebracht werden, um sich an ihn zu erinnern. Das Opfer sollte vom Feld seiner Geschwister kommen.

Bis heute wird dieses Opferritual am Krater des Bromo durchgeführt. Zufälligerweise ist am 14. Tag des 12. Monats immer Vollmond. Dadurch wird das Ritual am *Purnama Kesadha* (*Purnama* – »Vollmond«, *Kesadha* – »der Zwölfte«) immer in einer religiös-magischen Atmosphäre ausgeführt. Man erinnert sich an Dewa Kusuma, der sich für das Wohl aller hat opfern lassen.

***Okol*: Was tun, wenn man Regen braucht?** – Diese Tradition kommt aus Madura, einer Insel westlich von Java. Das Ritual wird am Tag ausgeführt an einem offenen Platz. Viele sind gekommen und stehen in einem Kreis. Ein älterer Herr, der das Ritual leitet, sitzt auf dem Boden. Die Augen geschlossen, die Lippen bewegen sich, aber es ist kein Wort zu hören. Er flüstert ununterbrochen Gebete; die sengende Sonne sticht wie kleine Messer in die Haut. Man ist versammelt, um Gott um Regen zu bitten.

Aber es geht nicht nur um Opfer und Gebet. Viele

sind gekommen, weil es etwas zu sehen gibt: einen traditionellen Ringkampf zwischen zwei Männern aus dem Dorf. Der Ringkampf heißt Okol. Sie kämpfen innerhalb eines Kreises von etwa drei Metern Durchmesser. Wenn die Jury das Zeichen gibt, fangen die Männer an, zu kämpfen. Die Zuschauer jubeln, Staub fliegt überall. Es gibt keinen Eifer, keinen Ärger, man lacht und lächelt zusammen.

Man weiß nicht so genau, seit wann es die Okol-Tradition gibt. Klar ist nur, dass man das Ritual von einer Generation zur nächsten weitergibt. Der Kampf dauert in der Regel zwischen fünf bis zehn Minuten; wer siegen will, muss versuchen, den Gegner auf den Boden zu werfen und zu halten. Schafft ein Kämpfer es, den Gegner umzustoßen, fällt selbst hinterher und liegt tiefer, verliert er den Kampf. So hat es der Dorfälteste erklärt.

Okol wird ausgeführt, wenn die *Kemarau* (»Trockenzeit«) zu lange dauert und man den Regen für die Felder braucht. Normalerweise versammelt man zum Okol nach Ashar, die Gebetzeit um 15 Uhr; deshalb scheint auch die Sonne noch, und es ist heiß.

Für die Dorfbewohner ist ein Okol nicht nur Tradition oder Ritual, sondern auch Unterhaltung – mit Entlastungsfunktion etwa für die Bauern, die sich in der Trockenzeit oft Sorgen machen. Weil der Ringkampf nur Unterhaltung und kein Wettbewerb ist, gibt es am Ende keinen Sieger und keinen Verlierer;

es gibt höchstens eine Nummer eins und eine Nummer zwei.

Wie viele andere Traditionen und Rituale in Indonesien, wird Okol auch langsam vom Alltagsleben verdrängt. Nicht alle Dörfer der Madura praktizieren dieses Ritual noch.

Heilige Bäume

Kelor – Vor langer Zeit, als die Medizin noch nicht so weit entwickelt war, suchte man nach Erklärungen für Krankheit und Tod. Man erklärte sich die schlimmen Dinge als Werk von bösen Geistern oder bösen *Dukun*. Das ist das indonesische Wort für Schamanen, Medizinmänner, Heiler und gleichzeitig Berater mit magischen Kräften. Ein böser *Dukun* ist Meister der schwarzen Magie.

Vor allem auf Java war der Einfluss der indischen Kultur stark. Aus Indien kamen die Kenntnisse über die gute Wirkung einer Baumart, die man *Kelor (Moringa Oleifera)* nennt. Nach *Ayurveda*-Lehre kann man mit Teilen dieser Bäume gut 300 Krankheiten heilen. Auf Java fing man also an, Teile dieser Bäume zu verwenden, begleitet von Ritualen gegen böse Geister, die ja die vermeintlichen Übeltäter waren. Weil der *Pohon Kelor* (»*Kelor*-Baum«) tatsächlich heilende Kräfte hatte, übertrug man die magischen

Kräfte direkt auf den Baum. Seit der Zeit gibt es den Mythos vom Pohon Kelor und seiner Blätter.

Man glaubt, wenn man einen Pohon Kelor vor ein neues Haus baut, schützt der Baum Haus und Bewohner vor Gefahren, vor Geistern, zum Beispiel *Tuyul* (»kleiner Geist«; dazu gleich mehr) und *Mahluk Halus* (»sanfte Wesen«), die einen oft stören. Die Blätter vom Kelor-Baum kamen auch zum Einsatz bei einem Menschen, der dem Tod schon sehr nah ist, aber nicht sterben kann. Sie wirken beruhigend.

Beringin – Neben dem *Pohon Kelor* hat angeblich auch der *Pohon Beringin* oder die »Birkenfeige« *(Ficus Benjamina)* magische Kräfte. Zwei von diesen Bäumen stehen nebeneinander auf dem leeren Feld in Yogyakarta, an der südlichen Seite des Palastes vom Sultan. Zwischen diesen Bäumen gibt es einen Abstand von fünf Metern. Man sagt, wenn man die Augen verbindet und aus wenigen Metern Entfernung versuche, zwischen den Bäumen hindurchzugehen, werde man es niemals schaffen. Obwohl es sehr einfach aussieht, werde man nach links oder rechts abgedrängt werden. Wer es doch schaffe, könne seine Wünsche äußern, und sie würden erfüllt.

Die Wiese, auf der die Bäume stehen, ist nachmittags manchmal voll mit Leuten, die die Nachmittagssonne genießen und versuchen, zwischen den Bäumen hindurchzugehen. Wenn man gerade kein Tuch für die Augen dabei hat, kann man auch eins bei einem Fremdenführer leihen; dafür erzählt er auch noch die Geschichte.

Wem es nach einem dreimaligen Versuch nicht gelungen ist, so bedeutet das, dass der Wunsch oder das Vorhaben nicht wirklich für einen bestimmt ist. Der Trick besteht darin, mit voller Überzeugung gerade voraus zu schreiten. Es ist wie beim Beten: Ohne Glaube, den richtigen Willen und einige Mühen erreicht man nichts.

Magische Dinge

Kris oder Keris – Der Kris ist ein kurzer traditioneller Dolch. Man sieht ihn manchmal nur als Dekoration bei der Männerkleidung, beispielsweise bei einem Bräutigam. Viele Keris haben magische Kräfte – Mancher glaubt zumindest daran. Vielleicht wirken diese Kräfte auch nur dann, wenn man an sie glaubt. Jedenfalls sind viele Leute davon überzeugt, dass ein Keris das Leben des Besitzers beeinflusst.

Das Vertrackte ist, wenn man einen Keris besitzt, weiß man nicht sicher, ob er magische Kräfte hat oder nicht. Das ist ja auch verständlich, gerade wenn man einen Keris geschenkt bekommt oder erbt oder durch andere Umstände bekommt.

Deshalb beeinflusst der Keris vielleicht den Lebensweg des Besitzers, ohne dass er sich dessen immer bewusst ist. Jemand der eigentlich eher schüchtern und zögerlich ist, könnte sich durch den magischen kleinen Dolch so verändern, dass er mutig, zornig oder selbstgefällig wird. Ein Keris kann auch einen armen Mann in einen Millionär verwandeln. Aber auch anders herum kann es passieren.

Auf Java gibt es zahlreiche Legenden von Sultanen und Herrschern, die einen magischen Dolch besaßen. Der Name des Schöpfers eines solchen Keris geht natürlich auch in die Geschichte ein: Sehr bekannt ist der Gründer des Königreichs Singasari, Ken Arok, der einen magischen Keris besaß, der von Empu Gandring geschaffen wurde. Wenn ein Berg von seinem Keris »gestochen« wurde, gab es eine Eruption. Wenn man den kleinen Dolch in das Wasser des Ozeans eintauchte, trocknete der Ozean unter Umständen aus. Und Eisen zu durchbohren, ist für den kleinen Dolch gar kein Problem.

Die magische Kraft wird dem Keris nach der Bestellung des Kunden von einem *Empu* (Titel eines Keris-Experten und -Schöpfers) gegeben. Um dieses Kraftniveau zu erreichen gibt es natürlich bestimmte Prozesse. Was allerdings viel wichtiger ist, als die Kraft des Keris, ist der negative Einfluss auf den Besitzer. Man sollte also wissen, ob der Keris magische Kräfte hat oder nicht. Und wie stellt man das an?

Der einfachste Weg ist: Man konsultiert einen Empu oder man fragt einen Menschen mit paranormalen Fähigkeiten. Man kann es aber auch versuchen, selbst herauszufinden. Das Problem ist: Nur wenige können diese Kraft genau erkennen; manchmal hat man nur das Gefühl, von »magischer Luft« umgeben zu sein. Man kann es auf diese drei Weisen versuchen:

1. Mittels Fasten, indem man tatsächlich nichts oder nur bestimmte Sachen, etwa Obst, isst. Man kann aber auch auf etwas anderes verzichten, beispielsweise auf Licht. Dieses Fasten muss man drei Tage durchhalten, am dritten Tag setzt man das Fasten ohne zu schlafen bis zum Sonnenaufgang fort. Dabei soll man vom Sonnenuntergang des Vortages an möglichst viele Koranverse rezitieren und so wenig »irdische« Aktivitäten wie möglich erledigen. Wenn Gott will, bekommt man kurz vor dem Sonnenaufgang eine magische Botschaft *(Wangsit)* oder eine Inspiration *(Ilham)*, die die gesuchte Antwort beinhaltet. Wangsit oder Ilham kommt in der Regel zwischen zwei und vier Uhr morgens.

2. Man kann auch meditieren. Dazu sollte man einen speziellen Raum vorbereiten, in dem man nur auf einem *Tikar* (eine traditionelle aus Kokosnussblättern oder anderen Materialien gewebte Matte) sitzt. Man soll sich vorbereiten, irdische Dinge vermeiden und sich ans Herz fassen, um mit dem

»Bewohner« des Keris in Kontakt zu treten. Man soll den Keris auf den Boden stellen und daneben eine Kerze anzünden. Danach sitzt man im Schneidersitz, die Hände hält man zusammen vor der Brust und starrt so lange wie möglich in den Kerzenschein ohne zu blinzeln; danach schließt man die Augen. Irgendwann erscheint einem das Wesen im Dolch – oder auch nicht.

3. Den Keris kann man auch überprüfen, indem man ein Tier einsetzt, wie es in einigen heiligen Schriften erklärt wird: Die einzigen Lebewesen, die magische Wesen sehen können, sind Tiere. Um also zu testen, ob der Kris einen magischen »Inhalt« hat, kann man auch mit einem Tier arbeiten.

Hühner sind magischen Wesen gegenüber am sensibelsten, vor allem Hühner, die Küken haben. Sie sind sich der kleinsten Gefahr bewusst. Man braucht nur eine Henne mit ihren Küken zu finden, wirft den Keris mitten in die Gruppe und wenn die Henne leicht verärgert oder gar nicht reagiert, kann man davon ausgehen, dass der Keris leer ist. Wenn aber die Henne wegrennt oder stark verängstigt reagiert, ist es sehr wahrscheinlich, dass in dem Keris ein magisches Wesen wohnt.

Susuk – *Susuk* sind kleine Nadeln aus Gold oder anderen kostbaren Metallen, die in ein Gewebe eingesetzt werden und als Talisman funktionieren. Susuk kann man für unterschiedliche Zwecke einsetzen – von ästhetischen Zwecken, wie unter der Gesichtshaut für ein schönes Kinn bis zur Behandlung von Gelenkschmerzen und anderen kleinen Erkrankungen. Man kann Susuk auch als Schutz vor Wunden und Unfällen verwenden.

Bei radiologischen Untersuchungen in der Medizin muss man mit den Susuk besonders vorsichtig sein, dass sie nicht für »Fremdobjekte« gehalten werden. Angeblich wird der Susuk durch Zaubersprüche in den Körper eingebettet, und dies wird immer zu besonderen Zeiten getan, um die Effektivität zu steigern.

Es wird auch gesagt, dass die Nadel aus dem Körper eines Menschen entfernt werden muss, bevor er sterben kann. Deshalb wird der Susuk entfernt, wenn die Person älter oder schwerkrank wird. Die Entfernung eines Susuk kann nur von »Experten« vollzogen werden; in der Regel ist es die gleiche Person, die die Nadeln eingebettet hat. Allerdings: Benutzt man einen Susuk, damit man schön und jugendlich aussieht, kommt das wirkliche Aussehen innerhalb von sechs Monaten zum Vorschein, wenn man die Nadel wieder entfernt.

Das sakrale Tattoo – Die Dayak auf Kalimantan haben zahlreiche Rituale und uralte Traditionen, unter anderem die, sich zu tätowieren. Es geht bei diesem Tattoo aber nicht darum, den Körper zu verzieren oder gar machohaft auszusehen, sondern um etwas Sakrales.

Die Dayak leben im Einklang mit der Natur. Entsprechend nutzen sie natürliche Farben für ihre Tattoos, beispielsweise die Asche von verbranntem Holz oder Ruß. Diese »Natur-Tinte« wird mit Zucker vermischt. Ein langer Dorn von einem Baum dient als Nadel. Ein traditionelles Tattoo ist einfarbig: bläulich-schwarz. Das Motiv wird nicht so perfekt wie aus dem Tattoo-Studio, weil es von Hand entworfen und gestochen wird. Ist das Motiv kompliziert, dauert der Stich auch mal einen ganzen Tag. Das traditionelle Tattoo ist voll von Symbolen und Philosophie: Die meisten zeigen lebendige Wesen in einer abstrakten Form. Wo man welches Motiv platziert, hat eine spezielle Bedeutung.

Bei den Dayak hat das Tattoo die Funktion einer Fackel, die den Weg zur ewigen Welt erhellt, nachdem die Person gestorben ist. Deshalb gilt: Je mehr Tattoos, umso heller ist der Weg. Allerdings kann nicht jeder einfach machen, was er will: Jeder Dayak-Stamm hat feste Gesetze für Anordnung, Motiv und Anzahl der Tattoos. Und es gibt auch Dayak-Stämme, die gar kein Tattoo zulassen.

Beispielsweise gibt es Rekong-Motive (»Hals«), die wie die Flügel eines Schmetterlings, Skorpione oder Krebse aussehen. Tattoos am Hals zeigen, dass die Person eine hohe Stellung in der Gesellschaft einnimmt. Sie wird auch außerhalb ihrer Heimat respektiert. Ursprünglich wurde jemand, der unberechtigterweise ein Tattoo am Hals hat, bestraft. Mittlerweile ist man etwas lockerer geworden und sieht die Körpermalerei teilweise als Kunstwerk an. Deswegen nimmt man es auch mit der Bestrafung nicht mehr so ernst.

Das Motiv »Aubergine« und die »Blume einer Aubergine« zeigen, dass jemand in seinem Beruf schon ein Professioneller ist, vor allem wenn das Tattoo an der Schulter ist. Eine Person aus dem Stamm Dayak Iban mit der »Auberginen-Blume« an der Taille, zeigt damit, dass sie im Leben schon vielfältige Abenteuer erlebt hat.

Die Schönen: *Kanjeng Ratu Kidul* und *Nyai Roro Kidul* – Ihre Legende wird seit dem 16. Jahrhundert in der javanischen Gesellschaft in Zentral- und Ostjava, und sogar schon früher bei den Sundanesen in Westjava erzählt. Allerdings vermutet man, die Geschichte sei schon aus der Zeit von Dynamismus und Animismus als Hauptglaube in der Region. Vermutlich versuchte man damals schon zu erklären, warum die Wellen des Indischen Ozeans so stark und vernichtend sein können. Man hatte damals schon Respekt vor der Kraft des Ozeans, und mit Mythen und Legenden erschuf man mögliche Erklärungen dafür.

Beide werden verehrt: Kanjeng Ratu Kidul und Nyai Roro Kidul. Aber auch für Indonesier, die nicht aus Pulau Jawa oder Java Insel kommen oder die javanischen Traditionen und Legenden nicht so gut kennen, ist es verwirrend. Sind Kanjeng Ratu Kidul und Nyi Roro Kidul ein und dieselbe Person? Sind sie Geschwister, sie haben doch den gleichen Nachnamen: Kidul? Schon mal vorab: Das stimmt so nicht. Die meisten Indonesier haben keinen Nachnamen, so auch die beiden Figuren in der Geschichte nicht. Was ist also richtig?

Man könnte sagen: Beides ist richtig. Es gibt Varianten der Legende, je nachdem, aus welcher Region man kommt. Eine Fassung besagt, dass sie ein und dieselbe ist, und für andere sind das zwei unterschiedliche Wesen oder Gottheiten: Kanjeng Ratu Kidul ist ein weiblicher heiliger Geist, der ein gutes und edles Herz hat, und Nyi oder Nyai Roro Kidul ist quasi ihre Mitarbeiterin.

Kanjeng Ratu Kidul kam nur auf die Erde, wenn die Situation richtig brenzlig wurde. Sie erschien also zu unterschiedlichen Zeiten an unterschiedlichen Orten auf der Erde. Die javanische Mythologie sagt, Kanjeng Ratu Kidul wurde von einem Gott namens Kaping Telu geschaffen. Sie hat die Aufgabe, die Natur mit Leben zu füllen; deshalb erscheint sie manchmal als *Dewi Sri* (»Göttin Sri«) die auch als »Reis-Göttin« bekannt ist.

Kanjeng Ratu Kidul hat die Kraft, die große mächtige Welle des Indischen Ozeans aus ihrem Palast, der im Herzen des Ozeans steht, zu regulieren. Nach javanischem Glauben ist sie die spirituelle Lebensgefährtin der Sultane von Mataram und Yogyakarta seit dem 16. Jahrhundert und angeblich auch die spirituelle Ehefrau der Sultane von Surakarta. Ihre Stellung und Einfluss in der Gegend beziehen sich auf den Merapi-Berg, den Palast des Sultans und den Indischen Ozean, der für die Lokalbevölkerung auch »Südsee« heißt. Das Zentrum ist das Königreich von Surakarta und Yogyakarta. Historiker vermuten, der Glaube an Kanjeng Ratu Kidul wurde erschaffen, um die Existenz der Mataram-Dynastie zu legitimieren und zu festigen.

Die Mitarbeiterin, Nyi oder Nyai Roro Kidul, ist unter anderem durch ihren Namen bekannt, die manchmal auch *Loro* (»Schmerz«) geschrieben wird, und nicht *Roro* (»schön«). Das Wortspiel spiegelt die traurige Geschichte dieser Dame wider. Die Erzählung berichtet aus der Sunda-Gesellschaft von einer Prinzessin namens Dewi Kadita. Sie war die schöne Tochter des Königs von Pajajaran in Westjava. Nach dem Tod ihrer Mutter heiratete ihr Vater wieder. Die Stiefmutter betrachtete sie als Rivalin und beauftragte einen Dukun, einen Schwarzmagier, sie mittels Hexerei krank zu machen.

Die schöne Prinzessin bekam plötzlich eine abscheuliche Hautkrankheit – oder in einer anderen Version Lepra. Der Vater beauftragte Ärzte und Experten, seine Tochter zu heilen. Obwohl er wusste, dass die Tochter bestimmt verhext wurde, konnte er keine Lösung finden. Die Stiefmutter empfahl, dass Dewi Kadita aus dem Land geschickt würde, weil sie Leid und Scham für das ganze Königreich verursachte. Obwohl der König seine Tochter liebte, musste er letztendlich zustimmen.

Dewi Kadita verließ ihre Heimat und wanderte sieben Tage und sieben Nächte, bis sie an der Küste der Südsee ankam. Eine Stimme sagte ihr, dass sie in das Meer gehen soll, damit ihr Leid und ihre Krankheit verschwindet. Sie tat es und wurde tatsächlich geheilt. Manchmal wird sie als Meerjungfrau beschrieben und *Nyai Blorong* genannt: Der Körper ist wie ein Mensch, aber die Beine haben Schuppen wie ein Fisch. Vielleicht ist das auch eine Umschreibung ihrer Hautkrankheit. Nach der Heilung ist sie wieder schön und wird von den *Lelembut* (*Lembut* – »sanft«), den »sanften Wesen« im Meer, zu ihrer Anführerin ernannt.

In manchen Geschichten ist sie auch eine gemeine mythische Person, die jede Seele nimmt, die ihr gefällt. Dem Volksglaube an der Südseeküste nach, nimmt sie oft Fischer oder Touristen, die an der Küste baden, bevorzugt natürlich junge, gut aussehende Männer. Sie mag angeblich die Farbe Aquagrün; auf Bildern trägt sie oft Kleidung und Tücher in dieser Farbe. Deshalb wird jedem »Neuling« geraten, diese Farbe in der Gegend nicht zu tragen.

Um Nyi Roro Kidul zu ehren, beziehungsweise damit sie der Bevölkerung nichts Böses antut, gibt es entlang der Küste des Indischen Ozeans unterschiedliche Rituale. In Pelabuhan Ratu, einer kleinen Stadt an der Küste von Westjava, wird am 6. April ein Opfer-Ritual für sie durchgeführt: Man opfert Reis, Gemüse, Hühnerfleisch, ein Batik-Tuch und Kosmetika, die man auf dem Meereswasser schweben lässt. Die lokalen Fischer glauben, damit Nyi Roro Kidul zu gefallen; als Gegenleistung schenke sie ihnen viel

Fisch, schönes Wetter, ruhiges Wasser und nur selten Stürme.

In Pelabuhan Ratu gibt es ein Hotel namens *Samudra Beach Hotel*. In diesem Hotel ist das Zimmer Nummer 308 speziell in der Farbe Aqua-grün eingerichtet – und für Nyi Roro Kidul reserviert. Vor dem Zimmer steht ein *Ketapang*-Baum *(Terminalia Catappa)*; angeblich bekam der erste indonesische Präsident Sukarno seine Inspiration, nachdem er unter diesem Baum meditierte.

Anders als Nyi Roro Kidul wird Kanjeng Ratu Kidul vor allem in Zentraljava verehrt. Man glaubt, dass der *Parangkusumo*-Strand der Ort der ersten spirituellen Begegnung von Kanjeng Ratu Kidul und Panembahan Senopati, dem Gründer des Mataram-Königreichs im 16. Jahrhundert, war. Man sagt, sie unterhalte eine spirituelle Liebesbeziehung mit dem dritten Sultan von Mataram. Ihre Liebe werde in dem sakralen Tanz *Bedhaya*, der von Mitgliedern der Sultansfamilie in Surakarta aufgeführt wird, lebendig gehalten. Als Sri Sultan Hamengkubuwono IX., der neunte Sultan von Yogyakarta, 1988 starb, erzählten einige Bedienstete im Palast von ihrer Erscheinung. Man glaubt, dass sie vom verstorbenen Herrscher Abschied nahm.

***Panglima Burung*: Der Vogelkommandant** – In der Dayak-Gesellschaft gibt es den Glauben an ein Wesen, das stark ist und magische Kräfte besitzt. Man hat aber vor ihm keine Angst, es wird sogar als Held, spiritueller Führer, Kommandant im Krieg und Lehrer verehrt. Die traditionelle Dayak-Gesellschaft nennt ihn *Pangkalima*, der Kommandant der Dayak. Um ihn gibt es viele Geschichten und Legenden.

Angeblich wohnt er schon seit Hunderten von Jahren in einem Berg mitten im Dschungel Kalimantans, zwischen West- und Zentral-Kalimantan. Man sagt, er sei der Geist einer sehr bekannten Persönlichkeit, die schon lange verstorben ist; mit seinem Geist könne man durch ein bestimmtes Ritual kommunizieren. Weiterhin heißt es, er sei die Personifizierung eines *Enggang*-Vogels (»Nashornvogel«), der auf Kalimantan als heilig gilt. Um es noch verwirrender zu machen, gibt es auch Menschen, die meinen, sie selbst seien Panglima Burung.

Alle sind aber der Meinung, dass Panglima Burung die Dayak-Menschen repräsentiert – sowohl durch seinen Charakter, als auch in seinen Taten. Außerdem ist der Kommandant ein ruhiger, geduldiger, friedfertiger Mensch, so, wie viele Dayak sich sehen. Sie bleiben gerne in der Natur, im Wald und bewahren ihre Traditionen und Rituale. In Bescheidenheit zu leben ist auch ein Charakterzug des Kommandanten.

Obwohl er respektiert und der Anführer ist, wohnt er nicht in einem Palast, sondern in einer Höhle und ist eins mit der Natur. Allerdings hat auch seine Geduld Grenzen – die meisten Dayak finden sich auch darin wieder: Sie können in Wut »zurückschlagen«, wenn sie etwas nicht mehr ertragen können.

Magische Tiere

***Babi* Ngepet: Der Eber-Dämon** – Diesen Dämon gibt es in der javanischen Mythologie. Man glaubt, dass der Dämon die Manifestation einer Person ist, die eine schwarze Magie praktiziert: Pesugihan Babi. *Babi* heißt »Schwein« und der Kern des Wortes *Pesugihan* ist *sugih* – »reich«. Es geht hier also um jemanden, der schnell reich werden möchte. Dafür muss er etwas anderes hergeben; er opfert alles, was ihn menschlich macht. Er lässt zu, dass er für eine gewisse Zeit in einen Eber verwandelt wird oder sich von einem Eber-Dämon besitzen lässt. Diese Mensch-Tier-Transformation ähnelt den Körperwechseln von Werwölfen im Westen.

Einige Geschichten erzählen von einem Mann, der zuerst in eine schwarze Robe gewickelt und dann auf wundersame Weise in die Kreatur verwandelt wird. Nach der Transformation wandert der Eber-Dämon um das Dorf herum, reibt dabei seinen Körper an Wand, Tür, Schrank oder anderen Möbelstücken, und auf wundersame Weise sind dann die Wertsachen der Bewohner verschwunden: Geld, Gold und

Schmuck. Alles wird vom Babi Ngepet weggeschleppt. Nach seiner Rückverwandlung findet Babi Ngepet zu Hause seine schwarze Robe voll mit gestohlenem Geld und Schmuck.

Jemand, der die schwarze Magie praktiziert, braucht einen Assistenten. Seine Aufgabe ist es, zu Hause zu bleiben und auf eine Kerze aufzupassen, die auf dem Wasser in einer Wanne schwebt, so lange der Eber »in Aktion« ist. Wenn die Flamme flackert, kleiner wird oder fast erlischt, bedeutet es, dass der Eber in Gefahr ist – vielleicht von einem Dorfbewohner erwischt oder in seine menschliche Gestalt zurückverwandelt. Wegen dieses Glaubens werden auf Java abends freilaufende Schweine oft gejagt oder getötet.

Für Skeptiker ist die Legende um *Babi Ngepet* nur eine Möglichkeit, unerklärliche Verluste oder Diebstähle im Dorf zu erklären. Vielleicht ist es auch eine Art der Kontrolle, um zu vermeiden, dass wilde Schweine Reisfelder oder Scheunen zerstören. In der prähinduistischen und präislamischen Zeit wurden Schweine mit häuslichem Reichtum und Glück assoziiert.

***Siluman Harimau*: Der unsichtbare Tiger** – Ursprünglich war *Siluman Harimau* eine magische Wissenschaft, die das Ziel hat, sich vor realen Tigern zu schützen, indem man sich in einen (wahrscheinlich größeren) Tiger verwandelt. Dieses Wissen kam angeblich aus Sumatera und wurde von einer Generation zur nächsten vererbt; viele Könige auf Sumatera hatten angeblich dieses Wissen. In Westjava glaubten die Sundanesen, dass König Prabu Siliwangi aus dem 15. Jahrhundert dieses Wissen auch besaß.

Dieses Wissen kann man (angeblich) auf natürliche Weise erben. Oder man kann es weitergeben, indem man Tigerblut oder Pulver von Tigerknochen oder -zähnen einem Baby verabreicht, wenn es gerade geboren ist. Das Wissen wird jedoch oft missbraucht, nicht um sich zu schützen, sondern um einen Gegner oder andere Menschen zu töten.

Jemand, der dieses Wissen besitzt, muss es wieder loswerden, etwa an seine Kinder weitergeben, bevor er sterben kann. Es gibt heutzutage mutmaßlich noch Leute, die diese Fähigkeit besitzen; sie haben in der Regel auch einen Begleiter: einen Geist oder ein magisches Tiger-Wesen.

Warum hat man dieses Wissen? Oder warum interessiert man sich für dieses Wissen? Man könnte es als Vorteil betrachten, dass man sich in einen kräftigen Tiger verwandeln kann. Außerdem kann ein Mensch, der ein *Siluman Harimau* ist, sich in ein Wesen verwandeln, das halb Mensch, halb Tiger ist. Mit diesem Wissen kann man seinen Gegner besiegen oder alle andere Menschen, die man nicht mag. Man sollte bedenken, dass ein *Siluman Harimau* zu Rachsucht neigt. Er kann sich wie ein Tiger verteidigen, ohne zum Selbstverteidigungskurs gehen zu müssen;

diese Fähigkeit kommt automatisch, wenn man sie braucht.

Wenn man diese Fähigkeit haben möchte, muss man sich im Klaren sein, dass sie nicht mit den Lehren der großen Religion konform ist. Außerdem kann jemand, der diese Fähigkeit hat, gegebenenfalls nicht sterben, obwohl der Tod schon vor der Tür steht.

Die bekanntesten indonesischen Geister

Viele Indonesier glauben, dass unsichtbare Wesen unter ihnen leben. Und so gibt es unterschiedliche Geschichten und Legenden über diese Wesen. Jede Region hat dabei ihre eigene Geisterspezialität, es gibt Überschneidungen, und einige Geister sind überall zu finden. Fast alle durften schon in Geisterfilmen erscheinen – die meisten haben langjährige »Schauspiel-Erfahrungen«, einige zählen zu den Veteranen.

***Tuyul*: Das kleine Gespenst** – *Ada Tuyulnya*! (»Da gibt's einen Tuyul!«) Das sagt man oft, wenn man etwas verliert und einfach nicht wiederfinden kann. An Tuyul »glauben« nicht nur Indonesier, sondern auch Malaysier, Thailänder und Singapurer. Ein Tuyul ist ein kleiner Geist, den man besitzt und ihm befehlen kann, etwas zu tun – vor allem etwas zu stehlen.

Was kann man machen, um einen Tuyul zu bekommen? Die Antwort sollte man vielleicht nicht so ganz ernst nehmen, aber angeblich ist es ganz einfach, einen Tuyul zu erlangen. Zuerst einmal kann man einen Tuyul kaufen. Vielleicht gibt es sie mittlerweile auch schon online? Zweitens kann man einen abgetriebenen Fötus in einen Tuyul verwandeln, indem man ihn einbalsamiert.

Nun fragt man sich, woher man den abgetriebenen Fötus bekommt und wer einem die Einbalsamierungstechnik beibringt. *So* einfach ist es also doch nicht. Vielleicht ist deswegen die dritte Möglichkeit die beste: Man ruft einen Tuyul aus seinem Aufenthaltsort heraus. Und, wo ist der Aufenthaltsort dieser kleinen Geister? Und womit ruft man sie hervor? Mit Überraschungseiern?

Einen Tuyul zu haben ist angeblich so, wie ein Haustier zu pflegen; er braucht die gleiche Aufmerksamkeit. Damit die gleiche enge Beziehung mit dem Besitzer entsteht, muss man folgendes beachten:

1. Ein Tuyul braucht jeden Morgen eine Tasse Milch.
2. Er möchte Spielzeug und Kleidung haben und manchmal auch Süßigkeiten und Kekse.
3. Wichtig sind eine schwarze Kerze, Weihrauch und einige Mantras – also doch ein Geist!

4. Und es gibt auch Leute, die ihren Tuyul als Geist und als Statue haben, auf die sie ein paar Tröpfchen von ihrem Blut geben.

Ein Mensch, der einen Tuyul hat, setzt ihn hauptsächlich ein, um Sachen von anderen Leuten zu stehlen und anderes Unheil anzurichten. Nach dem allgemeinen Aberglauben ist die Wahrscheinlichkeit groß, dass ein Tuyul dafür verantwortlich ist, wenn man im Haus ständig Geld oder Schmuck auf mysteriöse Weise verliert.

Um Geld oder Schmuck vor dem Tuyul zu schützen, sollte man einige Nadeln um den Wertgegenstand legen, weil der Tuyul Angst hat, von Nadeln verwundet zu werden. Man wundert sich manchmal, woher ein Tuyul weiß, wo Geld oder Schmuck versteckt ist. Es gibt dazu Spekulationen, dass ein Tuyul mit seinen Infrarot-Augen durch Wände und Gegenstände hindurchsehen kann. Ob ein Gegenstand vom Tuyul gestohlen wurde, kann man nur an ihren kinderähnlichen Fußspuren erkennen – vorausgesetzt der Tuyul hat Staub an seinen Füßen.

Nach javanischem Glauben praktiziert man *Pesugihan Tuyul*, wenn man einen Tuyul hat. Wir kennen das schon vom *Babi Ngepet* (*pesugihan* wird abgeleitet vom Wort *sugih* – »reich«): Man will mit einem Tuyul also vor allem schnell reich werden. Der Besitzer muss dafür natürlich wieder ein Opfer geben.

Obwohl ein Tuyul listig scheint, ist er wohl eher nicht so klug, wenn er sehr leicht von Glaskugeln, Bohnen, Sand und einem Knoblauchkranz abgelenkt werden kann, und anfängt mit den Sachen zu spielen und seine Aufgabe darüber vergisst.

Man sagt, ein Tuyul sieht wie ein gerade geborenes Baby aus. Er kann zwar schon laufen und ist nackt, der Kopf ist groß, die Hände sind klein. Er hat eine gräuliche Hautfarbe, manchmal auch etwas grünlich; die Augen sind rot, aber nicht klar – er erinnert ein bisschen an die »kleinen grünen Männchen« aus dem All. Man kann einen Tuyul ohne Magie sehen, aber in der Regel zeigt er sich nicht öffentlich.

Jemand, der einem Tuyul mal begegnete, meinte, dass ein Tuyul sich eher wie ein Tier als ein Mensch verhält. Die Tradition sagt, man behält seinen Tuyul oft für kleine, gemeine Delikte. Mit einem speziellen Ritual kann man ihn auch stärken, um große Gräueltaten wie Mord zu verüben.

Jemandem, der plötzlich auf unerklärliche Weise sehr reich ist, wird unterstellt, einen Tuyul zu besitzen. Man »hält« ihn in einem Gefäß wie einer Urne und versteckt ihn an einem dunklen Ort, bis man ihn braucht. Und was macht man, wenn man ihn nie wieder einsetzen möchte? Man begräbt ihn in seinem Gefäß auf dem Friedhof mit einem bestimmten Ritual. Der kleine Geist wird dann zur Ruhe gelegt. Eine andere Methode ist, ihn im Meer zu »begraben«. Manchmal wird ein Tuyul aber von einer Generation zur nächsten weitergegeben.

Allerdings kann der Besitzer seinen Tuyul auch einfach frei lassen. Ohne einen Besitzer würde ein Tuyul in den Wald gehen oder Häuser besuchen, aber ohne irgendeinen Unfug zu machen. Er wäre also nur ein Beobachter. Eine Anekdote erzählte von einem Tuyul, der gern in das Leben von Menschen hereinguckt, ohne etwas zu machen (außer manchmal vielleicht mit dem Spielzeug im Haus zu spielen). Vereinfacht gesagt, ist ein Tuyul an sich harmlos; in der Hand eines skrupellosen Menschen kann ein Tuyul gefährlich wie eine Waffe sein.

***Kuntilanak*: Der Geist der werdenden Mutter** – Ein *Kuntilanak* ist für viele sehr erschreckend: In den traditionellen Geschichten wird erzählt, dass sie manchmal in Gestalt eines Vogels von Baum zu Baum fliegt. Modernere Geschichten beschreiben, dass es sich um eine Frau handelt, die bei der Geburt ihres Kindes starb. Der Geist dieser Frau will Rache üben, aber es ist ihm unklar, an wem. Einige sagen, dass sie schwangeren Frauen nachstellt, um deren Baby zu stehlen.

Jedenfalls macht sie vor allem wegen ihres Aussehens Angst. Angeblich erscheint sie immer in einem langen weißen Gewand, ihre schwarzen Haare sind lang und glänzend, und ihr schönes Gesicht ist bleich. Außerdem ist sie in den dezenten Duft der Wachsblume gehüllt. Man sagt, dass sie die Stimme eines weinenden Babys hat. Wenn man die Stimme laut hören kann, dann ist sie nicht in der Nähe, sondern praktisch schon gegangen. Klingt die Stimme weit entfernt, ist sie recht nah. Allein dadurch, dass man sie betrachtet, kann man angeblich den Verstand verlieren – deshalb ist sie auch für viele Menschen so beängstigend; manchmal ist sie auf einsamen dunklen Straßen zu sehen.

Wie viele andere Geistergeschichten auch, ist der Anfang der Kuntilanak-Biographie unklar. Auch in Geisterfilmen ist sie keine Unbekannte. Oft wird sie engagiert, um Leute zu erschrecken. Je unheimlicher, desto besser und umso mehr Leute gehen ins Kino. Nach ein paar Schreckmomenten verliert die arme Kuntilanak den Schock-Effekt. Manchmal sind die Filme auch so schlecht gemacht, dass man alle technischen Tricks sehr leicht erkennen kann. Wie beängstigend auch immer Kuntilanak ist, kommt sie gegen die Kommerzialisierung nicht an.

Pocong: Der hüpfende Geist – *Pocong* ist nicht nur ein indonesischer Geist, sondern auch ein malaysischer. Angeblich ist ein Pocong der Geist eines verstorbenen Menschen, der in einem Leichentuch gefangen ist. Das Leichentuch, genannt *Kain Kaftan*, wird bei muslimischen Begräbnissen genutzt, um die Leiche des Verstorbenen einzuwickeln. Das Tuch wird über dem Kopf, am Hals und unter den Füßen zusammengebunden. Der Pocong heißt in Malaysia *Hantu Bungkus* oder »eingepackter Geist«.

Der traditionelle Glaube sagt, die Seele eines Menschen bleibt nach seinem Tod noch für 40 Tage auf der Erde. Wenn die Leichentuchbänder nach dieser Zeit nicht gelöst sind, springt der Körper aus dem Grab heraus und erinnert die Menschen daran, dass sie die Bänder lösen müssen, damit seine Seele aus der Welt gehen kann. So ist der Pocong eine Art Protest des Verstorbenen, weil man die Bänder an seiner Leiche vergessen hat zu lösen.

Weil das Tuch auch unter den Füßen gebunden wird, kann der Pocong nicht laufen – er muss hüpfen. So wird der Pocong auch in Filmen gezeigt; in den alten Geschichten allerdings fliegt ein Pocong. Wie Kuntilanak und andere Geister kam der Pocong natürlich schon vor langem in die Kinos, durch seine skurrile Erscheinung als eingepackter, hüpfender Geist, jedoch nur in Geisterkomödien.

***Sundel Bolong*: Der Geist mit Loch im Rücken** – Wie der Pocong ist dieser Geist auch populär in Malaysia. Dieser Geist ist weiblich, und durch das Aussehen verwechselt man ihn oft mit Kuntilanak. *Sundel Bolong* hat lange glänzende Haare und ist hübsch – jedenfalls so hübsch, wie ein Geist eben sein kann. Sie trägt ein langes weißes Kleid wie Kuntilanak, und es ist gleichsam nie dreckig, obwohl sich diese Geister oft an dunklen einsamen Orten wie im

Wald aufhalten. Einen entscheidenden Unterschied zwischen den beiden Geister-Damen gibt es aber doch.

Wenn man sich überhaupt dafür interessiert, welche von diesen Damen einen gerade erschreckt, sollte man versuchen, den Rücken zu sehen. Sundel Bolong hat nämlich ein großes Loch im Rücken. Das Wort *bolong* bedeutet: »Es gibt ein großen Loch, durch das man durchgucken kann«. Das ist ihre große Last: Sie ist immer verunsichert und schüchtern, weil ihr Rücken bolong ist. Um das zu verdecken, braucht sie auch die langen Haare.

Der Name *Sundel*, oder manchmal auch *Sundal* ausgesprochen, bedeutet »Prostituierte«. Im gängigen Mythos über Sundel Bolong ist sie der Geist einer Frau, die vergewaltigt und getötet wurde. Es ist deshalb nicht ganz klar, ob Sundel Bolong eine Prostituerte war oder nicht. Vielleicht ist sie der Geist einer Frau, die durch eine Vergewaltigung schwanger und deshalb getötet wurde. Jedenfalls gebar sie laut Mythos ihr Baby im Grab – und zwar durch den Rücken. So entstand das Loch.

Angeblich erscheint sie oft als eine schöne Frau die auf einer einsamen Straße läuft. Die Vermutung liegt nahe, dass diese Geschichte Frauen warnen soll, sich nicht mehr abends allein auf der Straße aufzuhalten.

Genderuwo: Der braune, haarige Geist – *Genderuwo* oder auch *Genderuwa* ist ein Wesen der javanischen Mythologie. Er gehört in die Kategorie Mahluk Halus (»sanftes Wesen«), obwohl er überhaupt nicht sanft ist. Er sieht wie ein Affe aus: ziemlich groß, und die Haut ist rötlich-braun, lange Haare wachsen an seinem ganzen Körper.

Am liebsten wohnt er auf Steinen am Fluss, in alten Gebäuden, in großen Bäumen und in dunklen feuchten Ecken. Im hinduistischen und buddhistischen Glauben ist Ghandarva ein Wesen in Gestalt eines Mannes, der im Himmel wohnt. Man vermutet die Herkunft dieses Mythos ursprünglich aus Persien, dort ist Gandarewa nämlich ein unsichtbares Wasserwesen, das immer versucht, alles was gut ist, zu zerstören.

Man glaubt, dass ein Genderuwo in direkten Kontakt mit einem Menschen treten kann. In einigen Legenden kann der Genderuwo auch sein Aussehen ändern, so dass er Menschen – vor allem Frauen – austricksen kann. Er ist bekannt als ein unanständiger Geist: Er streichelt gerne Frauen, wenn sie schlafen, und manchmal wechselt er die Unterwäsche von einer Frau zu einer anderen.

Manchmal erscheint er als kleines haariges Wesen, das innerhalb von Sekunden riesig werden kann. Er mag es, nachts die Häuser von Menschen mit Kies zu bewerfen. Am liebsten verführt er aber einsame junge Frauen oder Witwen; angeblich kann er sogar eine intime Beziehung zu einer Frau haben, und die

Frau kann von einem Genderuwo schwanger werden. Aber die ganze Zeit über zeigt er nicht sein wahres Aussehen.

Im javanischen Glauben sind nicht alle Genderuwo böse. Es gibt auch einige, die einen guten Charakter haben. Die guten Genderuwo erscheinen in der Regel als alter Mann in langer weißer Robe. Sie sind nicht unanständig, wie die anderen, und helfen den Menschen, einen heiligen Ort oder das Haus vor bösen Leuten zu beschützen. Man glaubt, dass ein Genderuwo der Geist eines Menschen ist, der nicht unter normalen Umständen gestorben ist, vielleicht durch Selbstmord oder durch einen Unfall.

Viele glauben, dass man Genderuwo beschwören kann, indem man *Sate Gagak* grillt. *Sate* ist eine Art »Schaschlik« und *Gagak* ist ein »Rabe« – und Raben sind angeblich die Lieblingsspeise Genderuwos. Die Beziehung zwischen Genderuwos und Raben ist ungefähr so, wie zwischen Menschen und ihren Hühnern.

Um einen Genderuwo mit Sate Gagak zu beschwören, muss man einem bestimmten Ritual folgen: Nachdem man einen Raben gefangen hat, sollte man diesen mit einem sehr scharfen Messer schlachten. Danach werden die Federn gerupft, und das Fleisch muss vor dem Grillen noch zubereitet werden. Der wichtigste Teil ist aber, die richtigen Mantras zu sprechen, damit Genderuwo nicht nur das Essen riecht, sondern auch den Ruf hört. Die Mantras kennen nur wenige Leute und die halten sie geheim. Der richtige Platz, um das Ritual auszuführen, ist ein offener Ort, damit der Geruch des gegrillten Raben vom Wind mitgenommen werden kann.

Das Ritual wird oft ausgeführt, wenn man beim Glücksspiel gewinnen will. Man glaubt, dass Genderuwo die »richtige« Nummer sagen kann. Aber man muss dabei sehr schnell agieren. Sobald der Genderuwo erscheint, muss man die Frage stellen, weil er sehr schnell den Sate Gagak verschlingt und wieder verschwindet, sobald er satt ist, und dann keine Antwort mehr gibt. Deswegen sollte man den Sate Gagak dem Genderuwo nicht direkt geben.

Wewe Gombel: Die alte Oma – *Wewe Gombel* oder auch *Nenek* (»Großmutter«) *Gombel* ist ein Geist, der gerne Kinder entführt. Aber sie entführt die Kinder nicht, um ihnen etwas Böses anzutun, sondern sie nimmt Kinder mit, die von ihren Eltern vernachlässigt oder misshandelt werden. Wewe Gombel wird dann den Eltern so viel Angst einjagen, dass sie ihren Fehler einsehen. Sobald sie »gute« Eltern geworden sind, bekommen sie ihre Kinder von Wewe Gombel zurück. Während die Kinder bei ihr sind, werden sie wie von der eigenen Oma gepflegt und geliebt. Wewe Gombel wird oft als eine alte Frau mit zerknitterter Haut und hängenden Brüsten beschrieben.

Die Legende erzählt, dass es früher ein Ehepaar

gab, das glücklich auf dem Gombel-Hügel, nicht weit von der Stadt Semarang, lebte. Die beiden waren schon lange verheiratet, konnten aber keine Kinder bekommen. Deshalb hörte der Mann irgendwann auf, seine Frau zu lieben. Er ging oft aus dem Haus und ließ sie lange allein; eines Tages folgte sie ihm und erwischte ihn, als er mit einer anderen Frau schlief. Im Zorn tötete sie ihn, worauf die Nachbarn sie aus dem Dorf vertrieben. Weil sie die Situation nicht mehr ertragen konnte, beging sie Selbstmord.

Nach dem Tod wurde ihr Geist zur Wewe Gombel. In Westjava sagt man, sie wohne im Wipfel des *Enau*-Baums *(Arenga Pinnata)*. Da habe sie eine Art Nest, in das sie die Kinder bringt, die sie entführt. Sobald die Kinder bei ihr zu Hause sind, haben sie keine Angst mehr.

Die Geschichte von Wewe Gombel wird auch erzählt, um Kinder zu erschrecken, damit sie nicht im Dunklen oder abends draußen spielen. Früher bedeutete die Dunkelheit auch Gefahr, weil wilde Tiere ins Dorf kamen.

Schöpfung und Natur: Am Anfang war nicht das Wort

Der Batak-Schöpfungsmythos – Die Batak-Gesellschaft aus Nordsumatera kennt diesen Mythos in vielen Versionen; wie üblich, gibt es Ähnlichkeiten und Überschneidungen.

Am Anfang der Zeit gab es nur den Himmel und einen großen Ozean unter dem Himmel. Im Himmel, der in sieben Stufen eingeteilt ist, lebten die Götter, und das Meer war das Zuhause eines riesigen Drachen namens Naga Padoha. Die Erde im heutigen Sinne existierte damals noch nicht, und es gab auch noch keine Menschen.

Vor der Schöpfung gab es unter anderem Gott Mula Jadi Na Bolon; woher er stammt, ist nicht klar. Seinen Namen kann man ungefähr so übersetzen: »Angefangen zu werden«. Alles, was heute existiert, ist auf ihn zurückzuführen. Er hat zwei Schwalben als Assistenten; eine Version der Geschichte erzählt, dass sie als Helfer und Botschafter fungieren.

Mula Jadi Na Bolon lebte im Himmel und hatte drei Söhne: Batara Guru, Mangalabulan und Soripada. Sie wurden aus Hühnereiern geboren, die Mula Jadi Na Bolon befruchtet hatte. Außerdem zeugte er auch drei Töchter, die er seinen Söhnen zur Frau gab; die Menschen sind die Kinder der drei Paare.

Neben Mula Jadi Na Bolon und seine drei Söhnen

gab es noch einen anderen Gott namens Asiasi, über den man nicht viel weiß. Möglicherweise soll Asiasi die Balance zwischen Mula Jadi Na Bolon und dem Drachen Naga Padoha wahren. Diese drei »Götter« und die drei Söhne Mula Jadi Na Bolons sind sozusagen die sechs kleinen Götter im Ritual. Sie bekommen keine Opfergaben von Gläubigen, und für sie wird kein Haus gebaut, um sie zu verehren.

Der Ursprung der Welt und des Menschengeschlechts ist vor allem verbunden mit der Tochter von Batara Guru, die Sideak Parujar hieß. Sie ist die eigentliche Erschafferin der Welt, als sie nämlich vor ihrem Cousin, dem als Eidechse geborenen Sohn von Mangalabulan, der ihr Mann werden sollte, floh. An einem Faden kletterte sie vom Himmel herunter in die Mitte der Erde, die damals nur aus Wasser bestand.

Sie weigerte sich, zurückzukommen, war aber auch unglücklich. Weil er Mitleid mit seiner Enkelin hatte, schickte Mula Jadi Na Bolon ihr ein bisschen Erde, damit sie einen Platz zum Leben hatte: Sie streute die Erde aus, so dass sie anfing, Formen zu bilden. Lange hatte sie jedoch keine Ruhe, weil sie auch Erde auf den Kopf des Drachen Naga Padoha, der im Wasser lebte, gestreut hatte.

Er stöhnte durch die Schwere der Erde und versuchte, die Erde loszuwerden, indem er sich ständig bewegte. Dadurch wurde die Erde vom Wasser eingeweicht und war fast zerstört. Mit Hilfe ihres Großvaters und durch ihre eigene Klugheit besiegte Sideak Parujar den Drachen: Sie stieß ein Schwert in den Körper vom Naga Padoha bis zum Griff und legte ihn in einen Eisenkasten. Jedes Mal, wenn der Drache seine Fesseln bewegt, gibt es auf der Erde ein Erdbeben.

Nachdem der Sohn Mangalabulans, der wie eine Eidechse aussah, seine Gestalt und seinen Namen geändert hatte, heiratete ihn Sideak Parujar. Sie wurde die Mutter von Zwillingen, einer Tochter und einem Sohn, die später heirateten. Als die Kinder erwachsen waren, gingen die göttlichen Eltern in den Himmel zurück.

Die Menschen sind also die Nachkommen der inzestuösen Vereinigung von Sideak Parujars Kindern. Sie wohnten auf Pusuk Buhit, einem Vulkan an der südlichen Küste des Toba-Sees, und gründeten das Dorf Si Anjur Mulamula. Der mythologische Vorfahre der Batak, Si Raja Batak, war eins ihrer Kinder.

Der Sunda-Schöpfungsmythos – Bevor die großen Religionen in Westjava, dem Land der Sunda, ankamen, gab es in der Gegend schon Animismus und Dynamismus. Die »Religion«, die diese Systeme als Basis hat, wird in Westjava Sunda Wiwitan genannt.

Die höchste schöpferische Kraft nach Sunda Wiwitan ist Sang Hyang Kersa (»der Mächtige«) oder

Nu Ngersakeun (»Er, der den Willen hat«). Dieses höchste Wesen wird auch mit anderen Namen und göttliche Titeln versehen, beispielsweise Batara Tunggal (»der Eine«), Batara Jagat (»der Herrscher des Universums«) oder Batara Seda Niskala (»der Ungesehene«). Sang Hyang Kersa wohnt im höchsten und heiligsten Bereich des Himmels, den man Buana Nyungcung nennt. Die Hindu-Götter wie Brahma, Vishnu, Shiva oder Indra sind im Vergleich nicht so wichtig wie Sang Hyang Kersa.

Gemäß der Sunda Wiwitan-Ontologie ist das Universum in drei Bereiche unterteilt:

1. *Buana Nyungcung* (der höchste Bereich) ist die höchste Stufe und der Wohnort des Mächtigen.
2. *Buana Panja Tengah* (die mittlere Welt) ist die Erde, der Bereich, in dem Menschen und Tiere leben. Hier existieren die fünf Richtungen: Ost, West, Nord, Süd und Zentrum oder Zenith.
3. *Buana Larang* (die verbotene Welt) ist die Hölle, der Bereich von Dämonen und Geistern oder der niedrigste Bereich.

Zwischen Buana Nyungcung und Buana Panca Tengah gibt es 18 Schichten. Je tiefer die Schicht liegt, desto irdischer ist sie. Die erste von den 18 Schichten wird *Bumi Suci Alam Padang* genannt; das ist die Schicht, die man im Allgemeinen als »Himmel« betrachtet. Sang Hyang Kersa erschuf sieben *Bataras* oder »Götter« im heiligen Ort der Erde; der älteste dieser Götter wird Batara Cikal genannt. Man glaubt, er war der Vorfahre der Kanekes, die am westlichsten Ende von Java leben. Die anderen Götter herrschen über andere Orte im Land der Sunda.

Die »kleinen« Aberglauben

Ketok magic **(»magisches Klopfen«) –**

So nennt man den Service, für den man bezahlt, wenn das Auto in Reparatur muss, etwa weil man aus Versehen den Zaun beim rückwärts Einparken berührt oder den Blumentopf am Straßenrand angefahren hat, weil einem die Autolänge nicht ganz vertraut ist.

Solche kleinen Reparaturen kann man natürlich in speziellen Werkstätten erledigen lassen, dafür muss man manchmal ziemlich viel bezahlen. Preiswerter ist der Service bei einer *Ketok Magic*-Werkstatt, die fast immer wie eine heruntergekommene Hütte aus Zinkplatten aussieht. Dafür muss man nicht lange warten und das Auto kommt immer perfekt und glänzend aus der Hütte heraus, als ob es von magischen Händen bearbeitet wurde.

Bertapa**: Meditieren mit realem Ziel –** Man sitzt – normalerweise im Schneidersitz – stunden- oder tagelang und hofft auf Erleuchtung, um beispielsweise ein schwieriges Problem lösen zu können, einen Hinweis zu bekommen oder auch die klassische Variante: wie man schnell reich werden kann. Manchmal hofft man auch, von irgendeinem *Mahluk Halus* (»sanftes Wesen«) eine Inspiration geflüstert zu bekommen. Bertapa sollte man an einem ruhigen Ort betreiben, beispielsweise in einer Höhle im Wald. Es gibt noch keinen Beweis, dass Bertapa funktioniert – eine Garantie auf eingeschlafene Beine gibt es definitiv!

***Primbon*: Feng Shui plus Astrologie** – So ist es tatsächlich: *Primbon* ist ein javanisches Rechensystem, das helfen kann, die Zukunft vorauszusehen. Primbon spricht meistens vom Charakter der Menschen im Zusammenhang der örtlichen Lage des Hauses. Außerdem wird Primbon auch genutzt, um Vor- und Nachteile zu berechnen, wenn man ein Haus kaufen möchte, an welchem Tag man am besten heiratet und so weiter.

Der rätselhafte Wimpernverlust – Woher weiß man, dass man vermisst wird? Das ist ganz leicht: Das merkt man daran, dass man eine Wimper verliert und sie an der Wange oder anderswo im Gesicht wiederfindet. Derjenige, der eine Wimper verloren hat, kann dann darüber grübeln, wer ihn vermisst.

Kleine Mädchen versuchen, auf spielerische Weise und mit viel Phantasie dahinterzukommen, wer sie vermisst. Und so machen sie es: Eine vertraute Freundin faltet die Hände mit gestreckten Fingern wie beim Beten. Die Wimper wird dann von zwei Fingern festgehalten, etwa zwischen den Zeigefingern; dabei darf die Wimpernbesitzerin aber nicht wissen, zwischen welchen Fingern.

Sie bestimmt danach, welcher Finger wen repräsentiert. Zum Beispiel: Der Daumen für die Mama, Zeigefinger für die Oma, Ringfinger für den Hund und so weiter. Danach offenbart die Freundin, zwischen welchen Fingern die Wimper versteckt ist und die Wimpernbesitzerin weiß damit, wer sie vermisst – und sie darf es geheim halten.

Bäumchen wechsel dich! – Man sagt in Indonesien, während man isst, soll man den Sitzplatz nicht wechseln. Tut man es doch, wird man angeblich den Lebenspartner mehrmals wechseln.

Alte Jungfer – Ein Mädchen soll nie mitten in einer offenen Tür sitzen – das bringt Unglück. Genauer gesagt: das Mädchen wird Schwierigkeiten haben, einen Partner zu finden. Warum das so ist? Steckt etwas hinter diesem Glauben? Es ist schwer zu sagen. Aber viele Leute glauben daran.